Elisabeth Heresch · Gregor M. Schmid

Petersburger ZARENSCHLÖSSER

Elisabeth Heresch · Gregor M. Schmid

Petersburger ZARENSCHLÖSSER

LangenMüller

10

INHALT

VORWORT

Die Geheimnisse der Kunst sind die Geheimnisse des Lebens – das gilt zweifellos für die Zarenschlösser bei Sankt Petersburg: spiegeln sich doch darin nicht nur die Persönlichkeiten ihrer Bauherren und ihr Geschmack, ihre Bedürfnisse, ihre Träume, sondern auch der Lauf der Geschichte vom Werden des russischen Reiches seit Peter dem Großen.

Die Gesamtheit der hier durchstreiften Schlösser von Peterhof über Gatschina, Oranienbaum, Pawlowsk, den Katharinenpalast bis zum Alexanderpalast spannt einen Bogen, der den Weg vom glanzvollen Aufstieg bis zum Untergang einer großen Zivilisation und Herrschergeschichte nachzeichnet. Diese Welt atmet westliche Kultur mit all ihren Attributen bis hin zur Rückbesinnung auf die Antike, deren steingewordene mythologische Figuren die Parks bevölkern und deren Götter über das Areal herrschen. Russisch sind die Dimensionen – im Ausmaß und in der verschwenderischen Fülle an Kostbarkeiten, die diese Schlösser zu so unverwechselbaren Zarenresidenzen machen. Sie stehen für den unerschöpflichen Reichtum Russlands und die Großzügigkeit seiner Herren im Umgang damit.

Schon zuvor, unter den Zaren Iwan III. und IV., waren italienische Baumeister und Künstler nach Russland gerufen worden, hatten sich jedoch noch damit begnügen müssen, den traditionellen russischen Stil ihrer Bauherren zu wahren; immerhin gelang es ihnen, mit dem Geist der italienischen Renaissance indirekt selbst die russische Ikonenmalerei zu inspirieren, die, an jahrhundertealte strenge kanonische Regeln gebunden, in unerschütterlicher Gelassenheit erstarrt war: Nun plötzlich lag über dem Antlitz mancher Engel ein Lächeln …

Auch in Russland entschied sich die Frage über die Erweiterung des Reiches und die Konsolidierung seiner Macht zur See. Peter der Große fand eine Kontinentalmacht vor. Sie auch zur Seemacht zu führen, war sein Ziel. Das Instrument dazu war eine machtvolle Flotte, und mit seinen im Ausland erworbenen Kenntnissen über den Schiffsbau verwirklichte er den russischen Traum. Zunächst gelang ihm das im Norden, wollte doch Peter, schon als Kind gemeinsam mit seinem Bruder in Moskau zum Zaren gekrönt, der archaischen, nach Osten orientierten Welt entfliehen und mit dem Seeweg seinem Land ein Tor zum Westen öffnen. Mit der Errichtung der Peter-und-Pauls-Festung um 1703 legte er den Grundstein für die Sicherung des Newadeltas und seine neue Hauptstadt Petersburg. Schlacht um Schlacht erkämpfte er den ursprünglich finnisch besiedelten, seit 1617 schwedischen Landstreifen im Nordwesten Russlands und den Finnischen Meerbusen.

Zugleich mit dem Bau der Festung von Kronstadt als Verteidigungsanlage gegen etwaige Angriffe der Schweden teilte Peter das neu gewonnene Land in einzelne Besitzungen auf, um es durch die Errichtung von Palastanlagen zu sichern. Das Territorium von Gatschina schenkte er seiner Schwester Natalja Alexejewna, jenes von Oranienbaum seinem Freund und Mitstreiter Menschikow, das Areal für den späteren Katharinenpalast seiner Frau Katharina I.

Das, was sich zur prunkvollen Anlage von Peterhof entwickeln sollte, hatte Peter ursprünglich nur als Anlegestelle vorgesehen, als mit einer schlichten Behausung für Rast und Nächtigung ausgestatteten Stützpunkt vor und nach der Fahrt durch die launischen Gewässer nach Kronstadt. Wieder für seine Frau Katharina wurde auch dort die erste Palastanlage errichtet.

Die Schlösser entstanden in ihrer ursprünglichen Form in den zwei Jahrzehnten zwischen 1705 und 1723. Nur Pawlowsk und der Alexanderpalast gehen auf die Regierungszeit Katharinas II. zurück, die ersteres ihrem Sohn schenkte und letzteren für ihren bevorzugten Enkel Alexander – den späteren Zaren Alexander I. – bauen ließ.

Katharina II., auch »die Große« genannt, prägte die beiden großen Paläste am nachhaltigsten. Was Peter im Norden erreicht, was ihm als Herrrscher internationales Ansehen beschert und im Ausbau seines Meerschlosses Peterhof seinen Ausdruck gefunden hatte, das setzte Katharina im Süden fort: Mit ihren Siegen gegen die Türken und die Eroberung der nördlichen Schwarzmeerküste weitete sie die Grenzen des Reiches weiter aus und sicherte sie mit der Schwarzmeerflotte. Und wieder spiegelten sich die Triumphe in der prunkvollen Ausgestaltung ihrer Paläste und deren Anlagen wider. Blau und Grün, die Farben des Meeres, tragen seitdem die offiziellen Gebäude und Paläste Petersburgs.

Seit Peter dem Großen haben ihre Mauern viele Zaren kommen und gehen gesehen: seine Gemahlin und Nachfolgerin Katharina I., seine Nichte Anna Iwanowna, seine Tochter Jelisawjeta Petrowna, Peter III. und schließlich Katharina II. die Große, ihren unglücklichen Sohn Paul I., dessen Söhne Alexander, den Sieger über Napoleon und Nikolaj I., den gefürchteten Autokraten, Alexander II., den »Befreierzaren«, der die Leibeigenschaft aufhob, Alexander III., den »Friedenszaren«, unter dem es keine Kriege gab – und schließlich Nikolaj II., der den Umständen seiner Zeit und seinen politischen Gegnern nicht gewachsen war.

Glanz und Untergang lagen so nahe beieinander wie der Katharinen- und der Alexanderpalast. Dieser war auch Schauplatz der Tragödie vom Untergang des Zarenreichs. Es mag wie eine Ironie der Geschichte anmuten, dass der erste Herr dieses Hauses, Alexander I., zur Zeit der geistigen Hochblüte Russlands, dem so genannten »goldenen Zeitalter«, das geprägt war von Gelehrten und Künstlern bis zum Dicher Alexander Puschkin, den Palast betrat. In der Ära des letzten, Nikolaj II., herrschte das »Silberne«: eine Phase wirtschaftlicher Prosperität, wie Russland sie nie zuvor gekannt hatte.

Die Zeit um die Wende zum 20. Jahrhundert war von einer kulturellen Vielfalt begleitet, auf die keine andere Kultur bisher eine künstlerische Antwort gefunden hat. Die bedeutendsten Künstler, Schriftsteller, Regisseure, Ballettkünstler, Komponisten und Pianisten wurden in jenen Jahre hervorgebracht, und die Schöpfungen der russischen Avantgarde (vor 1914!) gelten nach wie vor als erstaunlichste Leistungen in der Kunst. In Petersburg feierte man Schaljapin; in den Lokalen tanzte man zu Zigeunermusik, und selbst ausländische Gäste weinten bitterlich zu den herzzerreißenden Gesängen von Folklorekünstlern, selbst wenn sie kein Wort verstanden.

Seit 1789 hatte man in Russland das Gespenst einer Revolution gefürchtet, und jeder Zar seit Katharina II. hatte auf seine Weise versucht, es zu bannen. Umso erschrockener reagierte man auf manches Phänomen, das als böses Omen ausgelegt werden konnte. So fiel nachträglich auf, dass Paul I., der einem Mordkomplott zum Opfer fiel, von Ludwig XVI. ein Schwert als Geschenk erhalten hatte; die letzte Zarin anlässlich eines französischen Staatsbesuchs einen Gobelin nach dem berühmten Gemälde der Marie Antoinette von Vigée-Lebrun; Zar Nikolaj II. war der einzige Monarch, der seit Ludwig XVI. den französischen Kriegshafen Cherbourg besuchte, und als in der Zeit, in der die Zarenfamilie bereits unter Hausarrest stand, der Palastkommandant sie mit den so beliebten Filmvorführungen unterhalten wollte, brach zu seinem Entsetzen auf dem ausgewählten Streifen ausgerechnet die Französische Revolution aus …

Das Ende des Zarenreichs und selbst das der Zarenfamilie war geplant und mit präzisem Kalkül ausgeführt, erdacht und finanziert von außen, umgesetzt von innen, von Russen im eigenen Land. Von dem, was die Zaren in ihren Schlössern umgeben hatte, ist nur ein Bruchteil geblieben – Schatten der Erinnerung an eine glanzvolle Vergangenheit.

»Schönheit wird die Welt retten« hat Dostojewskij prophezeit. Soweit das schöne Dinge betrifft, setzt es wohl voraus, dass ihnen mit Aufmerksamkeit Reverenz erwiesen wird, wie es hier geschieht. Selbst wenn sie nur dazu da sein sollten, den Betrachter mit ihrer Schönheit in ihren Bann zu ziehen – wäre das nicht schon genug?

PETERHOF

Am 13. September 1705 segelte Zar Peter I. auf einer seiner Staatenjachten über den Finnischen Meerbusen. Er war unterwegs von Finnland über Kronstadt nach St. Petersburg, und als die Jacht kurz vor dem Ziel an einem Ufer anlegte, holte er sein Feldbuch hervor und begann zu zeichnen.

Kaum einen anderen europäischen Fürsten jener Zeit hätte dieser eher unwirtliche, schmale Küstenstreifen zwischen der Newamündung und der Bucht von Narwa, struppig und von wildem Wald überwuchert, inspiriert. Doch Peter sah darin mehr als nur einen bequemen Anlegeplatz, der die oft unangenehme Überfahrt über die stürmische See nach Kronstadt verkürzte, die er während der Arbeiten an der Festung immer wieder zu unternehmen gedachte. Der Blick von hier auf das Meer und die fernen Ufer faszinierte ihn, und so beschloss er, sich hier ein vergleichsweise kleines Refugium, ein Holzhaus, bauen zu lassen, umgeben von einem kleinen Park mit Blumen, ausgewählten Baumsorten, einem Vogelhaus und ein paar Nutztieren. Hastig begann der Zar zu zeichnen, eine Skizze nach der anderen, und auf dem Papier nahm sein Plan Gestalt an: Aus überwuchertem Areal entstanden gepflegte Parks mit Alleen, blühenden Gärten – und vielen Fontänen.

Doch spätestens nach dem Sieg über die Schweden bei Poltava reifte der Plan zu einem größeren Sommerpalast im Rahmen einer umfassenden Bebauung, mit der er den ganzen Küstenstreifen aufteilen und sichern wollte. Für die Umsetzung seiner Pläne holte Peter die bedeutendsten Architekten jener Zeit: Braunstein aus Deutschland, Le Blond aus Frankreich und Michetti aus Italien. Später wirkte auch Rastrelli hier. Hinzu kam im weiteren Verlauf ein Heer von russischen Künstlern und Technikern, etwa dem bemerkenswerten Wasilij Tuwolkow, der zur Speisung der unzähligen Fontänen ein allein auf Gefälle beruhendes Kanalsystem von zwanzig Kilometern Länge schuf.

Nach dem Frieden von Nystadt, der den Nordischen Krieg beendete, nahm Peter den Titel »Imperator« an und eröffnete 1723 stolz sein russisches Versailles, dessen Ruhm sich ebenso rasch in Europa verbreitete wie jener der russischen Armee und Flotte.

Peterhof, Eingang zum Oberen Park.
Folgende Doppelseite: Peterhof, O. (Oberer) Park, Panoramaansicht der Schlossfassade

Am Anfang war das Meer, und ihm ist das gesamte Ensemble des Parks gewidmet. Peter, der rastlose Zar, konnte nur hier stundenlang am Ufer sitzen, seine Pfeife im Mund, und den vorbeiziehenden Segelschiffen zusehen. Diesen Wasserweg nach Westen hatte er den Schweden abgekämpft, und auf diesem Boden zwischen den Festungen Petersburgs und Kronstadts wollte er seinem Stolz Ausdruck verleihen. Nicht zufällig stimmt im Mittelpunkt der Großen Kaskade eine Figur das Thema

an: Es ist Samson, der dem schwedischen Löwen das Maul aufreißt, wohl um ihm seine Beute zu abzuringen, und in der Tat speit dieser einen zwanzig Meter hohen Wasserstrahl in die Lüfte. Den entscheidenden Sieg über die Schweden – wenn auch nicht den letzten – hatte Peter am 27. Juni 1709 bei Poltava errungen, und dieser Tag, der Namenstag des hl. Samson, sollte für immer im historischen Gedächtnis der Russen verewigt werden. Und alle 37 Statuen, die mit über 60 Brunnen den Samson-Kanal säumen, sollten, dem Meer zugewandt, gemeinsam mit 150 Skulpturen die neue Seemacht Russland preisen.

Vorherige Doppelseite: Peterhof, Panorama und Blick v. O. Park auf die Ostsee.
Peterhof, U. (Unterer) Park, Große Kaskade;
Peter der Große als junger Krieger, zeitgenössischer Stich

Zarin Elisabeth (Jelisawjeta Petrowna), der Tochter Peters des Großen, war der Palast ihres Vaters zu schlicht, und so ließ sie ihn um die Mitte des 18. Jahrhunderts erweitern und ausgestalten. Ihr Architekt Rastrelli fügte weitere Flügel an – nunmehr wurde die Palastfront nahezu dreihundert Meter lang – und setzte ihnen symmetrisch zwei goldene Kuppeldächer auf. Der »Kirchenflügel« und der »Flügel unter dem Wappen« tragen jeweils ein Kreuz und den russischen Doppeladler, die beiden Symbole der russischen Staatsmacht.

Dieses Symbol und Wappentier der russischen Staatsmacht trat später mit wechselnden Attributen auf: So hielt der Adler unter Alexander I., dem Sieger über Napoleon, einen Lorbeerkranz, unter seinem Nachfolger Nikolaus I. dagegen eine Fackel, Symbol für die Unantastbarkeit der Staatsmacht nach dem Dekabristenaufstand und später dem Krimkrieg. Auch waren die Flügel des Wappentiers manchmal angriffslustig erhoben, dann wieder schützend über dem Reich gefaltet. Unveränderlich blieb nur das für das russische Staatssymbol charakteristische Emblem des hl. Georg im Zentrum.

Peterhof, O. Park, Turmbau mit Zarenadler; die Zarenkrone Peters des Großen

Der Gott des Meeres regiert über allen Figuren und beherrscht den Geist des Parks schlechthin als Peters Huldigung an das Meer. Um freien Blick vom Schloss auf das Meer zu schaffen, mussten viele Bäume gefällt werden. In seiner unkonventionellen Art hielt Peter gelegentlich auch Gäste zur Mitarbeit an. Davon weiß der Botschafter Hannovers in Petersburg, Friedrich Christian Weber, zu erzählen:

»Um vier Uhr nachmittags weckte man uns und lud uns neuerlich zum Sommerhaus ein, wo der Zar jedem von uns eine Axt gab und uns gebot, ihm zu folgen. Er führte uns in einen jungen Wald, wo er mit dem Finger auf Bäume zeigte, die verschwinden sollten, um eine gerade Allee bis zum Meeresufer entstehen zu lassen, und wies uns an, diese Bäume zu fällen. Er selbst begann unverzüglich an Ort und Stelle zu arbeiten, und obwohl diese ungewohnte Tätigkeit, vor allem weil wir nach dem vorherigen Besäufnis noch keineswegs vollständig Herr unserer Sinne waren, nicht ganz nach unserem Geschmack war, fällten wir tapfer und sorgfältig, sodass in etwa drei Stunden die Allee fertig war …«

Peterhof, O. Park, Neptunbrunnen vor dem Schloss; Peter und Katharina segeln auf der Newa, Stich von A. F. Subow

Viele Zaren sind nach Peter dem Großen diese Treppe hinaufgegangen – von Katharina I. bis zu Nikolaus II. Zu Zeiten Peters des Großen wurden die Gäste am oberen Ende abermals von prüfenden Blicken der Wache examiniert, die über den Einlass entschied. Ein deutscher Diplomat, der gemeint hatte, angemessen gekleidet zu sein, wurde hier eines Besseren belehrt: »Ich wurde von den fluchenden Wacheposten unflätig beschimpft, während sie ihre Schwerter wehrhaft vor dem Eingang kreuzten, und mit noch mehr Grobheit bugsierten sie mich die Treppe hinunter. Erst durch die Intervention eines Freundes, der mich kannte, wurde ich zugelassen. Um derartige Szenen nicht mehr zu riskieren, erschien ich in Zukunft nur mehr in über und über mit Silber und Gold besticktem Gewand und nicht ohne eine Suite von Männern, die mir vorangingen und alle laut anherrschten: ›Aus dem Weg!‹

Bald hatte ich eine weitere Lektion zu lernen: Nachdem ich mich zu Tisch gesetzt hatte, drückte mir Fürst Rodomanowskij einen Viertelliterkelch voll Brandy in die Hand, den ich in zwei Zügen leeren musste, worauf mir die Sinne schwanden.«

Peterhof, Paradetreppe;
Trinkkrug mit Motiv »Salomon und die Königin von Saba« um 1680

Peters schlichtes Arbeitszimmer in Eiche wurde respektvoll unverändert belassen, als Rastrelli den Palast in prunkvolle Eleganz tauchte. Der Franzose Nicolas Pineau hatte die Schnitzereien ausgeführt. Hier regiert monumentale Schlichtheit, wie sie für Peter typisch war und auch sein erstes, bevorzugtes Palais Monplaisir am Ufer des Unteren Parks kennzeichnet. Peter fühlte sich in natürlicher, behaglicher Atmosphäre wohler als im schwelgerischen Prunk des großen Palastes, den er eher für

seine zweite Frau, die spätere Zarin Katharina I., als für sich selbst bauen ließ. Ob von diesem Schreibtisch aus oder auf Reisen – täglich schrieb er ihr ein paar Zeilen, wenn sie getrennt waren, und sandte ihr Geschenke. Von einer Kur in Karlsbad im September 1711 schrieb Peter: »Uns geht es Gott sei Dank gut, nur unsere Bäuche sind schon ganz angeschwollen von dem vielen Wasser, das wir trinken müssen wie Pferde, und sonst haben wir nichts zu tun … Du schreibst, der Kur zuliebe sollte ich mich nicht beeilen, zu Dir zu kommen. Mir ist ganz klar, dass Du einen Besseren gefunden hast … Das ist die Art, wie Ihr Töchter Evas mit uns alten Kerlen umgeht …«

Peterhof, Arbeitszimmer Peters des Großen; Schreibgeräte von Zar Alexander I.

Elisabeth, die Tochter Peters des Gro-ßen, Zarin von 1741 bis 1761, hat im Porträtsaal über dreihundert Hofdamen verewigen lasen, was dem Saal auch den Namen »Saal der Moden und Grazien« gegeben hat. Als Zarin konnte sie ihrem Sinn für Ästhetik und Schönheit freien Lauf lassen und wurde dabei von ihren italienischen Architekten unterstützt. Elisabeth entstammte der noch unehelichen Verbindung Peters mit Katharina. Sie wurde in Moskau erzogen, und Peter sorgte dafür, dass sie von deutschen, französischen, italienischen und griechischen Lehrern unterrichtet wurde. Elisabeth war bereits mit acht Jahren in Frankreich gewesen und versuchte, dem Königshof nachzueifern. Die Säle von Peterhof erstrahlten bei ihren glanzvollen Festen und waren von den Klängen der Konzerte erfüllt, die sie – nach dem Vorbild von Marie Antoinette in Versailles – ebenso zweimal wöchentlich wie die Hofbälle veranstaltete. Ein Relikt dieser Zeit ist eine Violine, die vom russischen Hof bei Stradivari bestellt wurde und 1917 in eine westliche Privatsammlung gelangte.

Peterhof, Porträtgalerie; Buchdeckel des Notizbuchs von Zarin Alexandra Fjodorowna

Die Thronsäle der Petersburger Paläste waren Schauplatz offizieller Veranstaltungen oder Feste, jedoch nie einer Krönung. Peter der Große war in Moskau mit zehn Jahren gemeinsam mit seinem Bruder zum Zaren gekrönt worden – ein in dieser Form einmaliges Ereignis. In einer nach alter Tradition gehaltenen Zeremonie wurde den Kindern die Krone des Wladimir Monomach aufgesetzt, die dieser mittelalterliche ostslawische Herrscher vom Kaiser von Byzanz erhalten haben soll. Damit stellte Russland eine Kontinuität zum byzantinischen Reich her, als dessen Erbe es sich fühlte.

Obwohl auch nach Peter dem Großen weiterhin alle Zaren in Moskau gekrönt wurden, wollte Peter seit seiner vom Schrecken der Strelitzenaufstände gekennzeichneten Jugend alle Erinnerungen an das archaische Moskau abstreifen. Ritualien und Attribute änderten sich. Statt der mittelalterlichen sollte nunmehr eine westliche Kronenform verwendet werden, den Titel »Zar« ersetzte er durch »Imperator« oder »Kaiser«.
In der Thronfolge bestimmte Peter, dass ein Herrscher selbst nach seinem Gutdünken den geeigneten Nachfolger wählen sollte.

Peterhof, Thronsaal;
Thron Peters des Großen, auf dem er als Zehnjähriger mit seinem Bruder in Moskau gekrönt worden war

Feste in Peterhof waren stets auch Feste im Park, dessen Figuren unter den Feuerwerken aufleuchteten. Ein Diplomat, der bei einem Bankett zu Gast war, zeigte sich besonders von den exotischen Botschaftern beeindruckt, die ihre Chanate am Kaiserlichen Hof von Petersburg vertraten.
Ein Gesandter mit langem Bart und Turban mit Straußenfeder vertrat den Chan der Usbeken mit einem besonderen Geschenk:
»Es war die Erlaubnis, dass die jährliche Mission des Zaren nach China das Herrschaftsgebiet des Chans passieren dürfe, was ein unschätzbarer Vorteil war, denn während sie sonst durch die Weiten Sibiriens, den Flussschlingen auf nicht gepflasterten Wegen folgend, ein Jahr lang unterwegs war, konnten sie die Reise nun in vier Monaten schaffen … Anschließend legte der Botschafter des Chans dem Zaren als Geschenk eine Fülle von Seide und anderer chinesischer und persischer Waren mit seltenen Pelzen zu Füßen und fügte hinzu, er hätte ein paar persische Pferde und andere Tiere in Moskau hinterlassen, wobei er bedauerte, dass unter anderem ein prächtiger Leopard unterwegs verendet sei …«

Peterhof, Große Kaskade im U. Park;
Fächer mit der Darstellung eines Empfangs am russischen Zarenhof

Peter beeindruckte seine ausländischen Gäste nicht nur mit dem prachtvollen Sommersitz Peterhof, der immer weiter ausgestaltet wurde, sondern auch mit seinen Segelkünsten. Hannovers Botschafter Weber weiß davon zu berichten, wie sich der Rückweg nach einem anstrengenden Tag auf Peterhof mit abschließendem Umtrunk dramatisch gestaltete:

»Da starker Wind herrschte, wurden wir in das überdachte Boot des Zaren eingeladen, in welchem allerdings die Zariza mit ihrer Hofdame die Kabine besetzte, während der Zar mit uns auf dem offenen Deck stand und uns versicherte, dass wir trotz der starken Winde um vier Uhr in Kronstadt ankommen würden. Nachdem wir aber zwei Stunden lang hin und hergetrieben worden waren, wurden wir von einem so starken Sturm erfasst, dass der Zar aufhörte zu scherzen und selbst das Steuer übernahm. Dabei legte er in dieser gefährlichen Situation nicht nur großes Geschick im Navigieren des Bootes an den Tag, sondern bemerkenswerte Entschlossenheit … Wir ergaben uns dem Willen Gottes und trösteten uns mit dem Gedanken, dass wir in so nobler Gesellschaft untergehen würden.«

Peterhof, Kaskade am Goldenen Berg;
Schiffssonnenuhr, Geschenk König Georgs I. von England an Zar Peter den Großen, um 1715

Die vier Triton-Wasserskulpturen gehen auf die italienische Phase der Entstehung von Peterhof zurück, als Niccolo Michetti mit einem Stab anderer Architekten und Künstler aus Rom und Venedig hier wirkte. Der Italiener gestaltete in den Jahren zwischen 1722 und 1726 vor allem den Bereich um das Palais Marly und die Parkanlagen mit Allegorien auf Luft und Erde an den Kreuzungen der Allee.

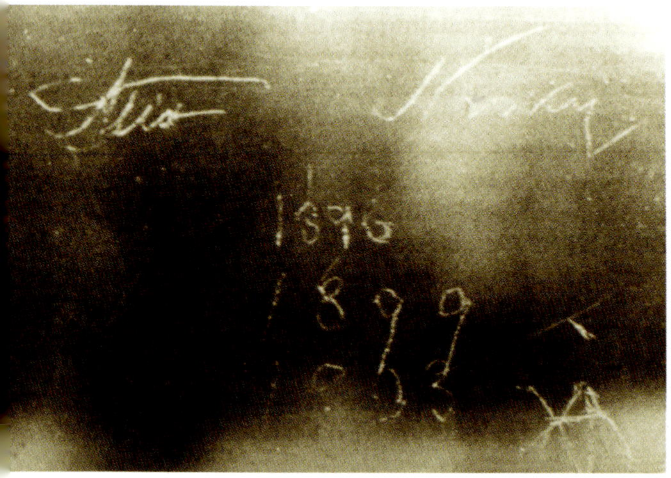

Die Pavillons waren für romantische Begegnungen prädestiniert. Im Mai 1884 besuchten hessische Verwandte die russische Zarenfamilie. Ein Onkel des damaligen Zarjewitsch Nikolaus, Sergej, sollte die hessische Prinzessin Elisabeth heiraten. Nun kamen auch deren Bruder Ernst Ludwig und die jüngere Schwester Alix zu Besuch. Der sechzehnjährige, gut aussehende Thronfolger verliebte sich sofort in das zwölfjährige Mädchen mit ihrer langen Mähne. So hielt Nikolaus am Ende des Tages in seinem Tagebuch vom 31. Mai (12. Juni nach westlichem Kalender) 1884 fest:
»Wir ritzten unsere Namen in die Fensterscheibe des italienischen Pavillons (wir lieben uns nämlich).«

Peterhof, Fontäne Triton;
die in die Fensterscheibe des italienischen Pavillons eingeritzten Namen von Nikolaus und Alexandra

Die Kinder der in der Umgebung residierenden Verwandten der Zarenfamilie, die im Sommer öfter zum Spielen nach Schloss Peterhof kamen, amüsierten sich immer wieder über die Spektakel, die meist eigens für sie inszeniert wurden. Vor einem der Schlösschen war ein Teich angelegt, über den ein Wärter mit vielen Orden auf seiner Livree wachte. An einem Schulterriemen trug er eine kleine Holzkiste, und wenn er die Kinder kommen sah, läutete er mit einer Glocke. Daraufhin geriet das Wasser in Bewegung, und wie vom Sturm aufgepeitscht spritzten die Wellen hoch. Augenblicke später strömten die darin lebenden Fische, dem Glockenklang folgend, in einem dichten Schwarm zum Ufer.

Der Aufseher öffnete die Kiste, die voller Brotkrumen war, und die Kinder durften die Fische füttern. Sooft sich dieses Ritual auch wiederholte – es war jedes Mal ein fröhliches Schauspiel, das die Kinder mit Begeisterung genossen. Dazu erklärte man ihnen, es gebe hier noch einen Karpfen, der von Peter dem Großen ausgesetzt worden sei, denn diese Art solle bis zu zweihundert Jahre alt werden.

Peterhof, U. Park, Große Kaskade;
die Zarenkinder
Alexej und Tatjana mit ihrer Gouvernante

Monplaisir war – entsprechend seinem Namen – Peters bevorzugte Zufluchtsstätte in Peterhof. Auch dieses Landpalais wurde von den großen Architekten des Gesamtprojekts gebaut, und wie überall prüfte Peter jedes Detail. Vor allem Le Blond war mit diesem Projekt befasst. Er ließ einen Ziegelbau in holländischem Stil mit relativ schlichtem, behaglichem, in Eichenholz und blauer Verfliesung gehaltenem Interieur errichten und mit Bildern

holländischer Meister füllen. Eine Fassade des Hauses ist dem Meer zugewandt, die andere einem Blumengarten. Der Bau war als Reminiszenz an Peters Aufenthalt in Holland gedacht, dem er, wie auch England, so viele Kenntnisse vor allem im Schiffsbau zu verdanken hatte. Nur zwei der neun Räume waren privat (später wurde das Palais bedeutend erweitert). Der Empfangssalon führte auf die Terrasse. Hier empfing der Zar Gäste, hielt aber auch Besprechungen ab, und hierher zog er sich am liebsten zurück. Von seinem Arbeitstisch im »Meerkabinett« aus genoss er einen faszinierenden Ausblick auf das Meer und auf Kronstadt.

Peterhof, U. Park, Monplaisir;
Monplaisir, wie es sich im 19. Jahrhundert von der Parkseite darbot

Dieses Schlösschen im westlichen Park war nach einem kleinen französischen Jagdschloss in Marly le Roi benannt, das Peter selbst gesehen hatte. »Doch es ähnelt in keiner Weise dem Eurer Majestät«, beeilte sich der französische Botschafter in Petersburg seinem König zu versichern, als er ihm von Marly in Peterhof berichtete. In der Tat hat das noch von Braunstein entworfene Palais mit seiner holländischen Inneneinrichtung wenig mit einem französischen Schloss gemeinsam. Hier und in dem in der Nähe befindlichen Palais Ermitage bewirtete Peter der Große des Öfteren kleinere Kreise von Gästen; denn die Atmosphäre war ungezwungener als im Palast.

Auch Botschafter Weber aus Hannover kam in den Genuss von Peters Gastfreundschaft: »Als wir endlich Kronstadt erreichten, lud uns der Zar in seine Villa nach Peterhof ein. Wir wärmten uns beim Abendessen mit altem ungarischen Wein so stark auf, dass wir uns … kaum auf den Beinen halten konnten, und als uns abschließend von der Hand der Zariza ein riesiger Kelch gereicht wurde, den wir in einem Zug leeren mussten, schwanden uns die Sinne.«

Peterhof, U. Park, das Schlösschen Marly im westlichen Park;
Kleidung Peters des Großen für formelle Anlässe

Sobald die letzte Zarenfamilie zu ihrem jährlichen Sommeraufenthalt auf Peterhof die Hauptwache erreichte, ertönte eine Glocke, und einem kleinen Schilderhaus im gotischen Stil entstieg ein Posten und nahm Haltung an. Die Kutschen rollten durch den Park, an den vielen Pavillons und den Springbrunnen vorbei, über die Brücke des Kanals. An diesem höchsten Punkt der Anlage bot sich ein Ausblick, der vom Schloss bis zur Meeresbucht hinunter und über den terassenförmig abfallenden Abhang mit Fontänen und Kaskaden bis zum kleinen Schlösschen Marly reichte.

Weiter ging es zur Anhöhe Babigony im südlichen Teil von Peterhof. Der Kanal ist hier zu einem See aufgestaut, an dessen Ufer der kleine Oserskij-Pavillon (von Osero – der See) liegt. Die Terrassen unter dem Pavillon gingen in einen mit Gras bewachsenen Abhang über; während sich die Großfürstinnen in ein Buch vertieften, tobten die Kinder den Garten hinunter.

Peterhof, O. Park mit Becken, Drachen und Schloss; Zarewitsch Alexej exerziert in der Uniform eines seiner Regimenter im Schlosspark

Das bedeutendste Ereignis an dieser Stelle fand im Juli 1904 statt. Die letzte Zarenfamilie weilte wie oft im Sommer hier, wobei sie das Cottage-Palais bewohnte. Zarin Alexandra erwartete ihre fünfte Niederkunft, und nach vier Töchtern hoffte man auf den ersehnten Thronfolger. Der mit seinen Eltern auf einem benachbarten Gut lebende damals achtjährige Prinz Roman erinnert sich:

»Es war ein heißer Tag, und Nadja und ich sollten mit Madame Taylor einen Spaziergang machen. Als wir in den Garten hinaustraten, begegneten wir meinen Eltern, die, nachdem sie unserer Gouvernante etwas zugeflüstert hatten, uns ermahnten, uns nicht zu weit zu entfernen … Wir hatten kaum den Park erreicht, als ein atemloser Kammerdiener gelaufen kam und uns bedeutete, sofort umzukehren …«
Bald waren bis in die Hauptstadt und darüber hinaus die Böllerschüsse zu hören: Eins … zwei … einhundert, zweihundert … dreihundert – und einen! Der Thronfolger war geboren!

Peterhof, U. Park, Cottage-Palais im »Alexanderpark«, das die Zarenfamilie meist im Sommer bewohnte; Thronfolger Alexej auf dem Schoß seines Vaters, des Zaren Nikolaus II.

Zwölf Tage nachdem der letzte Thronfolger Alexej in Peterhof zur Welt gekommen war, wurde er in der Palastkirche getauft. Gemäß orthodoxem Brauch durften die Eltern, Zar Nikolaus II. und Zarin Alexandra Fjodorowna, dabei nicht anwesend sein, weil sie bei dieser heiligen Handlung nicht zwischen Gott in der Person des Priesters und dem Täufling stehen sollten. Das Kind wurde von einer Dame des Hochadels getragen; um die heikle Last nicht ihren zittrigen Händen allein anzuvertrauen, wurde das Kissen noch durch eine Schleife um ihren Hals gesichert.

Der Zar in der blauen Uniform des Alexej zugeeigneten Atamanenregiments und die Zarin mit ihren Kindern und denen ihrer Verwandten beobachteten gebannt von verschiedenen Fenstern aus den Festzug, der um 9 Uhr 30 an der Küste bereitstand. Nachdem die lange Taufzeremonie endlich vorüber war, öffnete sich plötzlich die Tür und die Kinder durften einen Blick auf den getauften Thronfolger werfen. Er war in ein langes Taufkleid aus Spitze mit dem Umhang des »Purpurgeborenen« gehüllt und ruhte auf einem goldbestickten Kissen.

Peterhof, O. Park, Hofkirche;
Taufschrein des Zarewitsch Alexej. *Folgende Doppelseite: Peterhof, U. Park, Drachen der Schachbrettkaskade*

GATSCHINA

Nicht von ungefähr ist jenes Tor, das vom eigentlichen Schlosspark Gatschinas in eine weitläufige, auf den ersten Blick ungezähmte Naturlandschaft führt, der Nymphe Sylvia gewidmet, die in der Antike als Beschützerin des Waldes und der Jäger galt. Hier wird Flora und Fauna in jener verschwenderischen Großzügigkeit Raum gegeben, mit der andere Zarenresidenzen in architektonischer Prachtentfaltung schwelgen. Dabei ist kaum ein anderes Schloss in Russland von so verschiedenartigen Persönlichkeiten genutzt worden wie Gatschina. Denn die umliegenden Jagdreviere galten als kostbares Geschenk. Zar Peter I. übereignete das Anwesen seiner Schwester Natalja Alexejewna; Anna Iwanowna, die Nichte des Zaren, schenkte es in ihrer Regierungszeit (1730–1740) dem Fürsten Kurakin; Zarin Katharina II. gab es 1765 an ihren Favoriten Grigorij Orlow weiter, der das Schloss in der Form errichtete, in der es sich bis heute erhalten hat, und der um die großen Seen den ersten Landschaftspark Russlands anlegte. Als Orlow 1783 starb, kaufte Katharina Gatschina von dessen Erben für ihren Sohn, den späteren Zaren Paul I., zurück. Als dieser an die Regierung kam, frönte er hier seiner Leidenschaft für alles Militärische, zu Wasser und zu Lande. Nach seinem Tod 1801 wurde fast alles umgebaut, das diesen Geist atmete.

Gatschinas prominentester Hausherr war Alexander III., der sich in den ersten Regierungsjahren gern hierher zurückzog. So verbrachte der letzte Zar, Nikolaj II., hier in den achtziger Jahren des 19. Jahrhunderts mit seinen Geschwistern eine unbeschwerte Kindheit. Manche Augenblicke der Geschichte spiegelten sich auf dem Antlitz der Seen, manches Geheimnis hüten diese Wälder bis heute. Sylvia hat alle ihre Gäste überdauert.

Gatschina, Tor zum Parkeingang.
Folgende Doppelseite: Gatschina, Panorama mit Blick über den See

Ein Schloss »nach neuem Geschmack« sollte Gatschina werden, frei von den üppigen Formen der Barockschlösser. Daher trägt der zwischen 1766 und 1781 errichtete Palast die Züge eines englischen Schlosses, dessen Anblick Strenge und Stolz ausstrahlt und die Eleganz seiner 600 Räume kaum ahnen lässt. Dafür entschädigt die Parkarchitektur mit ihren Pavillons, den Brücken und künstlichen Inseln auf den Seen und den verborgenen Skulpturen mythologischer Gestalten, die der Liebe huldigen, mit träumerischem Charme. Kein Wunder, dass Nikolaus als Thronfolger diesen romantischen Ort als Kulisse für eine Begegnung mit seiner angebeteten Prinzessin Alix wählte. Er war sechzehn und sie zwölf, als sie mit ihrem Bruder aus Hessen nach Peterhof kam.

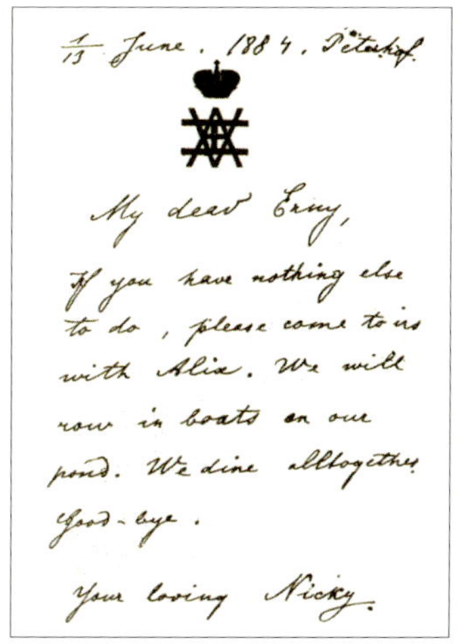

1/13 June. 1884. Peterhof.

My dear Erny,

If you have nothing else to do, please come to us with Alix. We will row in boats on our pond. We dine alltogether. Good-bye.

Your loving Nicky.

Da es für Nikolaus nicht in Frage kam, sein Interesse direkt zu zeigen, schrieb er an ihren Bruder: »Lieber Ernie, wenn Du nichts anderes zu tun hast, komm bitte mit Alix zu uns. Wir wollen auf unserem Teich Ruderboot fahren. Dann essen wir alle gemeinsam zu Abend. Good bye, Dein Dich liebender Nicky.«

Gatschina, Weißer See mit Schloss; Brief des jungen russischen Thronfolgers Nikolaus an Alix' Bruder Ernst Ludwig mit der Einladung zu einer Bootsfahrt

In den Jahren zwischen 1797 und 1801 hatte Paul I. Gatschina umgestaltet. Die schlichte Eleganz der Schlossräume war einer pompösen Feierlichkeit im klassizistischen Stil gewichen. Die letzte Zarenfamilie – Alexander III. hatte drei Söhne und zwei Töchter – lebte in den Achtzigerjahren des 19. Jahrhunderts hier; die Kinder bewohnten im Obergeschoss eines von den Eltern getrennten Trakts kleine, im englischen Stil eingerichtete Zimmer mit Blick auf den Parksee. Dafür boten die endlosen Galerien der Prunkräume mit ihren unzähligen Säulen, Skulpturen und riesigen chinesischen Bodenvasen für den Thronfolger Nikolaj und seinen Lieblingsbruder Georgij unerschöpfliche Möglichkeiten, Verstecken zu spielen.

Die spartanische Erziehung – harte Feldbetten, ein kaltes Bad am Morgen und einfache Mahlzeiten – minderte ihre Ausgelassenheit keineswegs. So stellte Georgij einem Diener das Bein, worauf dieser samt Teetablett stürzte, und brachte seinem Papagei Redeweise und Tonfall des britischen Englischlehrers bei, der sich fortan weigerte, Nikolaus in Anwesenheit Georgijs – und des Papageis – zu unterrichten.

Gatschina, Innenansicht des Schlosses; Zar Alexander III.

Alexander III. galt als despotisch und spielte die Rolle des patriarchalischen Familienoberhaupts. Er war äußerst diszipliniert, stand früh auf und kleidete sich in ein schlichtes russisches Hemd, während die meisten anderen Zaren in prächtigen Uniformen am Schreibtisch saßen. Ehe er an seine Arbeit ging, unternahm er meist einen Waldspaziergang und sammelte Pilze wie ein einfacher russischer Bauer. Einzig seine jüngste Tochter Olga genoss das Privileg, unter dem riesigen Arbeitstisch spielen zu dürfen, wenn der Zar seines Amtes waltete. Nur ihr führte er heimlich vor, wie er mit einer Hand eine Silbergabel verbiegen konnte. Während Olga gespannt die Demonstration der beachtlichen väterlichen Körperkräfte verfolgte, ließ der so gefürchtete Zar den Blick nicht von der Tür, um sicherzugehen, dass nicht seine Frau den Raum betrat.

Wenn um drei Uhr nachmittags die Palastglocke läutete, gerieten die Kinder außer Rand und Band. Denn dies war das Zeichen, dass der Zar nun für einen gemeinsamen Spaziergang oder eine Ausfahrt mit ihnen zur Verfügung stand.

Gatschina, Blick über den See auf das Schloss; Zeichnung des vierzehnjährigen Nikolaus, signiert: »Niki, 26. Februar 1882«

Zar Paul I. hatte Orlows elegante Schloss- und Parklandschaft zähmen lassen. Zwölf militärisch gestutzte Alleen liefen nun an der Rückseite des Schlosses zusammen und hielten vor der Floraskulptur inne. 50 000 neue Bäume verschiedener Sorten aus ganz Russland standen in Reih und Glied wie Infanterieregimenter.

Selbst der von Paul geschaffene Garten auf der »Liebesinsel«, wo Amor und Venus triumphieren sollten, der Fliedergarten mit Kopien antiker Göttinnen und Götter, ein eigenes Palais für seltene Vögel – all das wurde konfrontiert mit patriotischen Denkmälern wie der Säule mit dem russischen Adler und dem Obelisken zum Gedenken an den russischen Sieg über die Türken bei Tschesme. Das Schloss wandelte sich unter Pauls Herrschaft zur Wehranlage mit Burggraben, der Rasen davor zum Exerzierplatz, der Park zum Militärlager. Über den 31 Hektar großen Weißen See und den Silbersee ließ Paul seine Spielzeugflotte segeln. Der Boden bebte von den Böllerschüssen seiner Fregatten, weithin tönte der Marschtritt seiner Soldaten, und Pulverdampf stieg aus den Wäldern auf.

Gatschina: See mit Tschesme-Säule;
Zarin Alexandra (links) und Zarinmutter Maria Fjodorowna (rechts) bei einer Feldmesse im Schlosshof von Gatschina

Gatschina war Hort der Zuflucht im wahrsten Sinne des Wortes. Als Napoleon die Ritter des Ordens des hl. Johannes von Jerusalem aus Malta vertrieb, war Paul der einzige Herrscher, der ihnen Zuflucht anbot. Er errichtete 1797 in einem Teil des Parks für den Prior des Malteserordens einen Palast im neogotischen Stil. Über hundert Jahre später, im Oktober 1917, floh der vor dem bolschewistischen Terror verkleidet aus dem Winterpalast entkommene Premi-

erminister Alexander Kerenskij hierher, um mit dem Schicksal zu hadern. Doch seit Macht und Politik fernblieben, sind Ruhe und ein wenig Laisser-passer hier eingekehrt – jene Idylle, die Graf Orlow in seinem Brief an Jean-Jacques Rousseau meinte, als er ihn nach Gatschina einlud: »… Hier habe ich ein Land, wo die Luft gesund ist, das Wasser herrlich, und die Anhöhen und Seen ringsum zum Lustwandeln einladen und zum Träumen.«

Gatschina, Brücke im Park;
Porträt eines der ersten Schlossherren von Gatschina, Fürst Grigorij Grigorjewitsch Orlow um 1765 von Dimitri Lewitzkij

ORANIENBAUM

Bei der Inspektion eines Areals zur Errichtung einer Schlossanlage stieß Peter der Große auf ein Glashaus mit Orangenbäumen. Das gefiel ihm so gut, dass er das Gelände nach diesen Pflanzen benannte: Oranjenbaum. So kam dieses repräsentative barocke Ensemble am Südufer des Finnischen Meerbusens zu seinem Namen. Vielleicht sollte es auch eine kleine Ehrung für die Holländer sein, denen Peter so viel Sympathie entgegenbrachte.

Dieses Areal lag nur zehn Kilometer westlich von Peterhof, seiner persönlichen Sommerresidenz, und es war das nächste, das der Zar nach den ersten Siegen über die Schweden den menschenleeren Küstenstreifen besiedeln wollte. Der Jahrzehnte später gebaute Landsitz in Gatschina mit seiner lässig-gefälligen Parklandschaft wirkt wie eine Erwiderung auf das im französischen Spätbarock gehaltene Ensemble Oranienbaum. Doch beide Güter wurden von Peter persönlich ausgewählt und an sehr unterschiedliche Günstlinge verschenkt. Dieses erhielt der ehrgeizige, erfolgreiche, aber auch unersättliche Alexander Menschikow. Später, um die Mitte des 18. Jahrhunderts, bezog Peter III. das kleinere Rokokopalais, und zuletzt entstand für Katharina II. der kostbare Chinesische Palast als »Privatdatscha«.

Menschikow hatte Dank verdient: Von Jugend an war er Peters engster Freund, ertrug geduldig dessen Launen und verhalf ihm als Heerführer zu den entscheidenden Siegen über die Schweden. Bezeichnenderweise ernannte der österreichische Kaiser Joseph I., um Peter günstig zu stimmen, Menschikow erst zum Grafen von Ungarn und 1705 zum Reichsfürsten, und als zwischen Preußen und Russland ein Defensivbündnis unterzeichnet wurde, verlieh ihm Friedrich I. den Orden des Schwarzen Adlers. Auch der Zar verlieh Menschikow einen Fürstentitel, und nun konnte sich der Vielgeehrte an einem weiteren Besitz erfreuen, der sich bis hinunter zum Meer erstreckte und bald von einem prunkvollen Palast der Architekten Giovanni M. Fontana und Gottfried Johann Schedel gekrönt wurde. Und natürlich ließ der geschäftstüchtige Menschikow sofort ermitteln, welche Pachteinnahmen er aus den zugehörigen Ländereien erwarten konnte.

Oranienbaum, Außenansicht des Arkadenflügels des kleinen Palais

Charme und Idylle des »Chinesischen Palastes«, den sich Katharina die Große errichten ließ, scheinen von den Dramen der Vergangenheit unberührt. Es war kaum ein Zufall, dass dieser Bau ausgerechnet im Todesjahr ihres Mannes, Zar Peter III., begonnen wurde. Karl Peter Ulrich, Enkel Peters des Großen, Sohn Anna Petrownas und des Herzogs von Holstein-Gottorp, hatte den russischen Thron ganz gegen seinen Willen bestiegen. Provokant demonstrierte er seine Liebe zur alten Heimat und zur preußischen Armee und schuf sich eine Traumwelt, in die ihm später sein Sohn Paul folgte.

In Oranienbaum zog er sich in seinen kleinen, um 1760 von Rinaldi für ihn gebauten Rokokopalast zurück und ließ im Gelände eine kleine Festung (»Peterstadt«) errichten, wo er Holsteiner Gardisten drillte. Er konterkarierte die Politik seiner Vorgängerin und beendete Elisabeths Krieg gegen Preußen mit einem Federstrich. Kaum ein Jahr Zar wider Willen, wurde er von Gardisten seiner Frau Katharina, die er nicht selten öffentlich gedemütigt hatte, gefangen gesetzt. Tags darauf war er tot, und die Witwe konnte als Zarin Katharina II. ihren Weg in die Geschichte antreten.

Oranienbaum, Chinesischer Palast; Wappen des Schlosses Oranienbaum

Katharina II. ließ sich ihren Palast 1762 im oberen Park Oranienbaums als »persönliches Landhaus« von Rinaldi errichten; er wurde als Chinesischer Palast bekannt und war mit chinesischen Motiven dekoriert. Kostbare Gemälde venezianischer und anderer europäischer Meister zierten die Wände. Katharina überließ einen Flügel des Palais ihrem ungeliebten Sohn Paul, der so sehr nach ihrem geschmähten Ehemann, Zar Peter III., geraten war und in Gatschina auch dessen Militärleidenschaft nacheiferte.

Im Chinesischen Palast hingegen regierten Heiterkeit, Anmut und erlesene Schönheit. Paul fiel der östliche Flügel zu, seine Mutter nahm den westlichen in Anspruch. In Katharinas Räumen finden sich Allegorien auf die Freuden und Leiden der Liebe; das Schlafzimmer ist ringsum und selbst an der Decke mit Spiegeln verhängt – wie es auch Marie Antoinette im fernen Frankreich in ihrem geheime Liebesnest hielt. Bar jeder Laszivität freilich sind die Dekorationen bei Paul: Hier unterweist die Muse Urania züchtig einen Knaben in Astronomie. Katharina figuriert als Fortuna.
Apollo und andere Götter und Musen tummeln sich in großer Zahl in diesem kleinen Prunkschloss; die bösen Geister konnten sie jedoch nicht bannen.

Oranienbaum, Chinesischer Palast mit See;
Katharina II. als Minerva,
unbekannter italienischer Meister

Katharina die Große ließ hier wie in ihrem Schloss in Zarskoje Sjelo bei der Gestaltung des Parks beim Chinesischen Palast einen »Rutschberg« oder Rodelberg für die winterlichen Vergnügungen anlegen. Dieser war wiederum von Pavillons umgeben; für einen davon wurde in Meißen eigens Porzellan angefertigt.

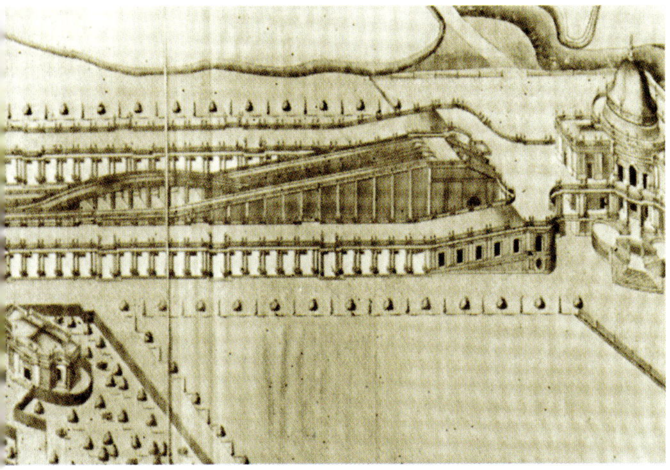

Für den Rutschberg wurde ein Hügel aufgeschüttet, und eine eingefasste Bahn mit Spurrinnen angelegt, damit der allerhöchste Schlitten auch bei höheren Geschwindigkeiten zuverlässig in der Spur blieb und der hohen Rodlerin kein Leid geschah. Die künstliche Rodelbahn zog sich in Serpentinen über einen halben Kilometer bergab. Schließlich wird in Russland seit jeher der Winter nicht als Last empfunden, sondern als Quelle der Freuden, als eine Jahreszeit, die wie keine andere zur russischen Landschaft und Mentalität passt – so als wäre der Winter nur für Russland geschaffen.

Oranienbaum, Schlossansicht im Winter;
»Rutschberg«, zur Vergnügung des Hofes errichtete Rodelbahn

PAWLOWSK

Diese jüngste der Zarenresidenzen, an die dreißig Kilometer südlich von Petersburg und durch die Waldlandschaft mit Zarskoje Sjelo verbunden, verewigt den Namen des unglücklichen Zaren Paul I.
Dieser erhielt dieses wunderbare kleine Paradies auf Erden als Zarjewitsch im Alter von 23 Jahren. Seine Mutter, Zarin Katharina II., machte es ihm im Jahre 1777 anlässlich der Geburt seines ersten Sohnes und Thronerben Alexander – des späteren Zaren Alexander I. – zum Geschenk.
Das Gut dehnt sich über 600 Hektar am Flussufer der Slawjanka aus und gilt als einer der größten Landschaftsparks Europas. Gestaltet wurde das Ensemble aus dem Schloss, seinen Parks und den darin verstreuten Pavillons fast ein halbes Jahrhundert lang. Noch lange nach Pauls Tod und sogar über die Erdentage seiner Witwe hinaus, die ihn immerhin bis 1828 überlebt hat, wurde hier gebaut und gepflanzt.
So vereinten sich in diesem Ensemble die Handschrift des schon in Zarskoje Sjelo für Zarin Katharina die Große tätigen schottischen Architekten Charles Cameron (der wie alles, was sie bevorzugte, von ihrem Sohn zunächst abgelehnt wurde) mit jener des Italieners Vincenzo Brenna und anderer. Die Inneneinrichtung wurde vor allem von den Italienern Quarenghi und Rossi sowie dem Russen Voronichin gestaltet.
Noch als regierender Zar zog sich Paul bevorzugt hierher und später auch auf seinen Jagd- und Exerziersitz Gatschina zurück – fern vom Pomp, den seine Mutter so sehr liebte, und den Spannungen, die ständig zwischen den beiden herrschten. Selten hat ein Mutter-Sohn-Verhältnis eine so folgenreiche Rolle gespielt wie jenes zwischen Paul und Katharina der Großen und schließlich einem klassischen Königsdrama, das sich über zwei Generationen hingezogen hat, ein tragisches Ende beschert.

Pawlowsk, Tor mit Zarenadler.
Folgende Doppelseite: Pawlowsk, Panoramaansicht der Schlossfront

Auf den ersten Blick könnte man das Denkmal beinahe für ein Standbild Friedrichs des Großen halten. Mit geradezu provokanter Selbstverständlichkeit präsentiert sich Paul hier in preußischer Uniform. Kein Zufall: Paul, Sohn Katharinas II. und Peters III., des gebürtigen Herzogs von Holstein-Gottorp (der zeitlebens darunter gelitten hat, dass er nicht in der Armee seines preußischen Idols dienen durfte), stellte mit dieser Prussophilie auch die Verbundenheit

mit seinem verstorbenen Vater zur Schau. Der Verdacht, Katharina habe bei dessen Tod ihre Hand im Spiel gehabt, verstärkte diese Loyalität noch und überschattete das Verhältnis zwischen Katharina der Großen und ihrem Sohn. Es war nur natürlich, dass sich auch Pauls innen- und außenpolitische Ansichten konträr zu denen seiner Mutter entwickelten und dass er sich, von dieser stets zurückgewiesen, in sein Refugium zurückzog. Wie Friedrich II. war auch Paul klein von Wuchs, und warum sollte nicht auch er eine Hausarmee drillen, da doch Friedrich schon als Kind ein Regiment von 130 Kronprinzkadetten befehligen durfte? Ohne Armee keine Macht!

Pawlowsk, Ostseite des Schlosses, Ehrenhof mit dem Standbild Zar Pauls I.; Brustporträt Zar Pauls I.

Anders als vom Paradeplatz aus gesehen wirkt der Palast von der anderen Seite, wo er sich auf einer Anhöhe über dem Fluss erhebt, lediglich wie eine elegante Villa.

Schloss und Park atmen, obwohl von den Architekten Cameron und Brenna als harmonisches Gesamtkunstwerk konzipiert, den Geist verschiedener Architekten. Der klassizistische kubische, von einer Kuppel gekrönte Mittelbau mit dorischen und ionischen Säulen und den halbrunden Seitenflügeln war ursprünglich leichtgewichtiger und schlichter und erinnerte im Stil eher an ein italienisches Landpalais. Als Paul 1796 zum Zaren gekrönt wurde, musste sich sein ebenfalls in Gatschina wirkender bevorzugter Architekt Vincenzo Brenna bemühen, dem Palast eine erhabenere Ausstrahlung zu verleihen. Brenna verlängerte die Seitenflügel, die ursprünglich nur Galerien waren, setzte eine weitere Etage auf und ließ die Fassaden der neuen Teile reich mit üppigen Girlanden, verschlungenen Vignetten, Füllhörnern und den bei Paul obligaten militärischen Attributen wie Helmen, Speeren, Schilden, Rüstungen und Wappen dekorieren.

Pawlowsk, westliche Parkseite mit Schlossflügel; Wappen des Schlosses Pawlowsk

Da sich die Parkanlagen der ländlichen Zarenresidenzen jener Zeit stets in anonymer Endlosigkeit verloren, war es üblich, auch einen »persönlichen Garten« – von den Dimensionen her ein massives Understatement – anzulegen, der nur der jeweiligen Zarenfamilie vorbehalten war.

In Pawlowsk hat sich Pauls zweite Frau Maria Fjodorowna, die gebürtige Prinzessin Sophie-Dorothea von Württemberg, mit ihrem ausgeprägten Sinn für Ästhetik um die Gestaltung vieler Details und im Besonderen um diesen »Garten« an der Südwestseite bemüht. Sie war in Botanik bewandert, wovon noch ihre Privatbibliothek zeugt, und ließ Samen und Zwiebeln für die Blumenbeete aus dem Ausland kommen. Das brachte diesem Areal den Namen »Holländischer Garten« ein.

Pawlowsk, »Persönlicher Garten« Pauls I. mit Weg von den Drei Grazien zum Schloss; Pauls Ehefrau Maria Fjodorowna, Ölbild entstanden zwischen 1780 und 1790

Man betrat den persönlichen Garten Pauls I. von einer Loggia aus, die dem ovalen Raum am Ende einer Zimmerflucht im Erdgeschoss vorgelagert war. Von außen wirkte er wie eine Fortsetzung der Palastterrassen und war nach Pflanzensorten quadratisch unterteilt. Am Ausgangspunkt der Parkalleen lässt er der Natur freien Lauf. Dort erhebt sich der »Pavillon

der drei Grazien« von Paolo Triscorni – eine Kopie nach G. Canova – mit marmornen Göttinnen des Frohsinns, der Blüte und des Glanzes – sekundiert von Apollo mit der Göttin Minerva, deren Statuen in unmittelbarer Nähe stehen. Die Kentauren gehören zur obligaten Huldigung an die Antike, wie sie vor allem der Architekt Cameron bei seinen Bauten liebte.

Pawlowsk, Treppe zum Garten mit zwei Kentaurenfiguren; Vase mit Amor

Die antike Welt ist im Schloss von Pawlowsk auf konzentriertem Raum wiedererstanden. Das gilt für die Parkskulpturen ebenso wie für die Repräsentations-säle im ersten Stockwerk.
Im Vestibül begrüßen zwölf Statuen im ägyptischen Stil den Besucher. Sie symbolisieren die zwölf Monate. Das alte Rom ist im zentralen Prunksaal, dem »Italienischen Saal«, mit Kopien römischer Statuen und

Reliefs mit römischen Motiven repräsentiert. Dieser ist unter anderem durch Pauls Bibliothek, deren Deckenmalerei bezeichnenderweise den »Sieg der Wahrheit über die Sünden« allegorisiert, vom Griechischen Saal getrennt, in dem man sich, von grünen Säulen und Statuen umgeben, in einem antiken Tempel wähnt. Grün war die Farbe von Pauls Regiment, das wie jedes großfürstliche Regiment durch die Farbe des Achselstücks gekennzeichnet war. Flankiert ist dieser Raum vom Saal des Krieges und vom Saal des Friedens. Dort regiert eine andere Welt, in der das Militär nicht heroisiert wird: Sie führt mit Blumen, tanzenden Figuren und dem Pfau als Treuesymbol in den Flügel der Zarin.

Pawlowsk, Griechischer Saal;
Volkstümliche allegorische Darstellung der Zarin

So gegensätzlich die Persönlichkeiten des Zaren Paul und der gebürtigen Württembergerin Maria Fjodorowna naturgemäß waren – ihr Familienleben war so glücklich, wie es Paul zuvor nicht gekannt hatte. Schließlich hatte man ihn seiner Mutter gleich nach der Geburt weggenommen und der Zarin Elisabeth in Peterhof zur Erziehung übergeben; sein Vater lebte in Oranienbaum und interessierte sich wenig für ihn. Später versuchte Katharina, Paul auch nach seiner dynastischen Volljährigkeit jede politische und militärischen Erfahrung zu verwehren, um ihre eigene Macht nicht zu gefährden. Zunächst in einer von Katharina arrangierten Ehe mit einer Prinzessin aus dem Hause Hessen-Darmstadt unglücklich verheiratet, ehelichte Paul nach deren Tod im Kindbett die Württembergerin. Bei ihr fand er Vertrauen und Liebe, die ihm Halt gaben. Seine zweite Frau gebar ihm zehn Kinder – als erstes den Thronfolger Alexander, dessen Geburt Anlass für das auch von ihr mitgestaltete Geschenk Pawlowsk war. Übrigens – man speiste von Porzellan aus der Petersburger Manufaktur oder aus Meißen.

Pawlowsk, Galaspeisesaal mit gedecktem Tisch; Ovale Suppenterrine mit Deckel und Untersatz mit Szenen von Watteau in Purpur

Mit dem Tod der großen Katharina wurde Paul 1796 Zar. Er war entsetzt über die Französische Revolution und deren blutige Begleitumstände und sann ständig über Maßnahmen nach, um derartige Gefahren von Russland fernzuhalten – unter anderem etwa durch Rücknahme von Adelsprivilegien. Außerdem war er davon überzeugt, dass nur die katholische Kirche in der Lage sei, eine solide Barriere gegen revolutionäre Umtriebe zu bilden. So übernahm er 1797 die Schirmherrschaft über den Malteserorden, und als Napoleon ein Jahr später auf dem Weg nach Ägypten Malta besetzte, trat Paul in einen Koalitionskrieg gegen Frankreich ein. Doch zuerst schied Österreich aus dem Bündnis aus, dann England. Als einziger Souverän bot Paul den Angehörigen des Malteserordens Zuflucht; für sie errichtete er auch die hier angeschlossene Kirche und einen neogotischen Palast in Gatschina. Im Rittersaal kürten ihn die Malteser zum Großen Magister. Der Streit über die Anerkennung dieses Titels ist bis heute nicht entschieden, doch an der Decke des Saals erinnert das Malteserkreuz an dieses Ereignis.

Pawlowsk, Römischer Saal;
Malteserkreuz im Wappen von Pauls zweitem Schloss Gatschina

Selbst dieser paradiesische Garten änderte für Paul nichts daran, dass der Anlass für dieses Geschenk seiner Mutter, die Geburt seines Sohnes Alexander, mit einem bitteren Beigeschmack behaftet war. So wie er selbst von der Zarin Elisabeth erzogen worden war, so ließ nun auch Katharina den Thronfolger – wie auch den zwei Jahre später, 1779, geborenen Konstantin – in ihrer Umgebung in Petersburg und Peterhof erziehen. Doch damit nicht genug: Katharina favorisierte ihren Enkel

unverhohlen als Thronfolger. Dieser Eindruck verstärkte sich, als sie im Jahr von Pauls dynastischer Volljährigkeit, die ihn zur Thronbesteigung berechtigt hätte, unter Missachtung der Hausgesetze weiterregierte. Paul durfte sich in keiner Weise auf das ihm zustehende Amt vorbereiten. Er konnte weder politische noch militärische Verdienste erwerben, was ihm am meisten am Herzen gelegen hätte. Als sich Paul 1787 auf Katharinas Türkenkrieg vorbereitete, befahl sie ihm, mit seinem Gatschiner Regiment in der Garnison zu bleiben, »um die Hauptstadt vor schwedischen Angriffen zu schützen« …

Pawlowsk, Kentaurenbrücke mit Schloss im Hintergrund; Salutgeschütz auf Holzlafette, 1784

Ein Pavillon mit Vogelgehege, in dem man seltene Arten hielt, gehörte zu den unverzichtbaren Attributen barocker Schlossparks. Der Hofarchitekt Cameron hielt sich bei der Anlage des im französischen Stil gehaltenen Parkteils ebenso an diese Regel wie bei der Gestaltung des Labyrinthgartens und anderer obligatorischer spielerischer Elemente. Welchen Wert Paul auf Vogelgehege legte, zeigt die Tatsache, dass er für jenes in Gatschina, seinem zweiten

Sommersitz, um 1800 den damals prominentesten Petersburger Architekten A. D. Sacharow verpflichtete, der immerhin die Admiralität erbaut hatte. In Gatschina nimmt die Voliere einen ganzen langgestreckten eingeschossigen Palast ein, der sich malerisch über dem Ufer des Sees erhebt. Hier, in Pawlowsk, entstand davor ein kleiner See, aus dem sich die bekanntermaßen schaumgeborene Venus erhebt. Der im Inneren reich verzierte Pavillon diente als Hort der Ruhe. Die in den Seitenteilen zur Schau gestellten Ausgrabungsstücke aus Pompeji sollten an die Vergänglichkeit alles Irdischen mahnen.

Pawlowsk, Parkvolière im Sommer;
Amsel im Park, Aquarell um 1811

Im heute bewaldeten nordöstlichen Teil des Schlossparks, wo sich Paul ein Paradier- und Exerzierfeld zum Drillen seiner Soldaten hatte anlegen lassen, erinnert nichts mehr an die einstige militärische Strenge. Hier mochten der Architekt Ca-

meron und dessen ihn auf Pauls Wunsch mitunter revidierender Kollege Brenna so manchen Streit ausgetragen haben, denn der Erstere hatte die Standorte für Skulpturen oder Anlagen mit großer Sorgfalt geplant und in Bezug zur Landschaft oder zu den Schlossbauten gesetzt. Inmitten eines kleinen, runden Platzes, dem zwölf Alleen wie die Speichen eines Rades der Nabe zustreben, erhebt sich Apollo, der in Pauls Residenzen meistbeschworene Gott der Musen. Aus Bronze gegossen steht er da, umgeben von den neun Musen, Beschützerinnen der Künste, und in weiterer Gesellschaft begleitet von seiner Schwester Diana, von Venus, Flora und Merkur. Apollo begegnet uns abermals in einem offenen Rundtempel, der ursprünglich auf einem aufgeschütteten Hügel über einer Flussschlinge der Slawjanka stand. Sein Blick ist hier auf den Palast gerichtet.

Pawlowsk, Apollo und die neun Musen; Kopf des Apoll

Unter Camerons Bauwerken, die als integrierende Bestandteile seiner Gestaltung des Schlossparks von Pawlowsk anzusehen sind, ragen der Pavillon der drei Grazien, die Voliere, die Apollokolonnade und der »Tempel der Freundschaft« hervor. Letzterer entstand zugleich mit der runden Apollokolonnade und wirkt geradezu wie deren Pendant. Ursprünglich war der 1782 errichtete, harmonisch aus seiner Umgebung erwachsende Bau als Konzertsalon konzipiert. Der von einem flachen Kuppeldach gekrönte Rundbau ruht auf 16 dorischen Säulen, die ihm trotz seiner Leichtigkeit eine festliche Note verleihen. Die Außenwände sind mit Medaillons verziert, die sich von der glatten Oberfläche abheben, und unter dem Dachsims läuft eine Girlande aus Zweigen und Delfinen entlang. Nicht Pauls Gemahlin, wie mancherseits vermutet, sondern Paul selbst widmete diesen Pavillon seiner Mutter Katharina, und diese Tatsache gibt angesichts der bekannten Beziehung zwischen Mutter und Sohn ebenso viel Raum für Interpretationen wie die Aufschrift: »Liebe, Verehrung und Dankbarkeit haben dies gewidmet.«

Pawlowsk, Tempel der Freundschaft im Winter;
Peter III., nur ein Jahr Zar, dem sein Sohn Paul besonders in seinem Militarismus nacheiferte

Als Katharina die Große im Sterben lag, eilte deren Sohn Paul von Sorgen getrieben nach Petersburg. Würde sein 22-jähriger Sohn Alexander, von der Zarin als Nachfolger favorisiert, ihm den Thron streitig machen? Als Paul im Winterpalais seine Söhne Alexander und Konstantin traf, war er erleichtert: Sie trugen die grüne Uniform des Gatschina-Regiments, waren also loyal geblieben. Paul war nun Kaiser von Russland. Vieles, was er unternahm, war eine Reaktion auf die Kränkungen, die ihm seine Mutter und deren Liebhaber zugefügt hatten. In der Politik machte er viele von deren Maßnahmen rückgängig und bemühte sich zugleich um sinnvolle Reformen: Sparsamkeit statt Prunk, Abbau von Adelsprivilegien, geregelte Frondienste für Leibeigene und eine Militärreform nach preußischem Vorbild. Mit autokratischer Hand wollte er den Geist der Französischen Revolution bannen und Russlands Großmachtstellung festigen. Doch die Früchte seiner Reformen konnte er nicht mehr ernten, und sein Vorbild, Friedrich der Große, blieb unerreicht. Nach nur fünf Jahren auf dem Thron fiel er einem Attentat zum Opfer.

Pawlowsk, Standbild Pauls I. vom Schloss aus gesehen mit Blick auf den Park im Winter;
Zar Paul I., Gemälde von S. Schukin

СУПРУГ

Schon ein Jahr nach seinem Regierungsantritt wurde Paul von verschiedenen Seiten heftig angefeindet. Zu rigoros hatte er Privilegien beschnitten, zu sehr das Leben reglementiert, zu hart war die Disziplin in den Regimentern, das russische Selbstbewusstsein von seiner Prussophilie zu sehr brüskiert.

Adel und Garde planten das Komplott. Als Paul am 23. März 1801 mit seiner Familie und General Kutusow als Gast zu Abend aß, schwante ihm Böses: Er hatte festgestellt, dass ein anderes Regiment als seine Leibgarde Wache hielt. Um elf Uhr abends schlief er bereits, als ein General mit mehreren Offizieren sein Schlafgemach betrat. Einer von ihnen schlug ihn mit einem harten Gegenstand bewusstlos, ein anderer erwürgte ihn mit einem Seidenschal.

Das Mausoleum, das Maria Fjodorowna ihrem Mann errichtet hat, steht im Schatten jahrhundertealter Bäume. Im düsteren Innenraum beugt sich eine weibliche Marmorfigur trauernd über eine Urne vor einer dunklen Säule mit dem Relief des Verstorbenen. Im Vordergrund des Sockels sind die Kinder im antiken Stil verewigt.

Pawlowsk, Mausoleum Pauls I.;
Urne aus rotem Glas in Bronzefassung, Russland um 1790

Viele Jahre sind über die endlos weiten Lindenalleen von Pawlowsk hinweggegangen, seit dieser Besitz mit dem Namen Pauls I. verbunden wurde. Seine Witwe bemühte sich um die Erhaltung und Verschönerung der Zarenresidenz, und nach ihr lebten dort Nachkommen des unglücklichen Zaren, darunter der als Dichter bekannt gewordene Großfürst Konstantin Konstantinowitsch. Pawlowsk zog zunehmend aristokratische und wohlhabende Kreise an, in der Nähe des Palastes entstanden elegante Sommersitze, und Dostojewskij hat die Atmosphäre dieser Gesellschaften in seinem Roman »Der Idiot« verewigt.

1837 wurde die erste Eisenbahnlinie zwischen Petersburg und Pawlowsk eröffnet. Die elegante Ankunftshalle wurde als Konzertsaal genutzt, und im Laufe der Zeit wurde es zu einer Prestigeangelegenheit, hier zu konzertieren, so dass prominente Künstler aus dem Ausland gastierten. Bald erfüllten Klänge von Musikern wie Franz Liszt, Robert Schumann und Johann Strauss (Sohn), der auch eigens für Pawlowsk komponierte, die Räume und verdrängten die Erinnerung an eine tragische Vergangenheit.

Pawlowsk, Lindenallee mit Blick zum Schloss; der Konzertpavillon »Vauxhall« in Pawlowsk, Stich aus dem 19. Jahrhundert

ВЕЧНАЯ СЛАВА
ГЕРОЯМ ПАВШИМ
В БОРЬБЕ ЗА ДЕЛО
ПРОЛЕТАРСКОЙ
РЕВОЛЮЦИИ

KATHARINENPALAST

Vier Generationen lang, von den Tagen Katharinas I. bis in die Zeit Katharinas II., der »Großen«, entfaltete sich dieser prachtvolle Palast. Zugleich steht diese Zeit vom Anfang bis zum Ende des 18. Jahrhunderts und darüber hinaus bis in die Regierungszeit Alexanders I. für eine Folge von Siegen über die traditionellen Widersacher des Zarenreiches, den »schwedischen Löwen«, den »türkischen Halbmond« und schließlich über Napoleons »Grande Armée«, also für Russlands Aufstieg zur prosperierenden Großmacht.

Als Zar Peter I. seiner späteren Ehefrau Katharina 1707 das Anwesen schenkte, stand dort nur ein bescheidener Holzbau, der ihr als Jagdhaus diente. Zehn Jahre später war Katharina längst Zariza, und während Peter sich in Paris jovial als russischer Herrscher präsentierte und mit seinem unkonventionellen Auftreten – etwa den Küssen für den kleinen französischen König Louis XV. – bei den Hütern des Protokolls Entrüstung, bei anderen Zeitgenossen aber Begeisterung für seinen Charme und sein fürstliches Selbstbewusstsein erntete, erteilte seine Gemahlin in Petersburg dem prominenten deutschen Architekten Johann F. Braunstein den Auftrag zur Errichtung eines kleinen Schlosses mit 16 Räumen für Peter und sich selbst – mehr nicht, denn noch als Zarin Katharina I. bevorzugte sie als Sommersitz das repräsentativere Peterhof.

So blieb es später Zarin Elisabeth, der Tochter Peters des Großen, vorbehalten, daraus mit dem italienischen Architekten Bartolomeo Rastrelli eine repräsentative Zarenresidenz zu gestalten, die sie »Zarskoje Sjelo« – »Zarendorf« – nannte.

Erst Braunstein verband durch ein drittes Geschoss sämtliche Einzelbauten seiner unter anderem auch russischen Vorgänger zu einem imposanten Ganzen. Das letzte Wort hatte schließlich Katharina II. selbst: In den Jahrzehnten ihrer Herrschaft verlieh sie dem Palast mit seinem Park jenen Charakter, den er sich erhalten hat und der die Dimensionen eines zu endloser Weite vergrößerten Reichs mit allen seinen Schätzen widerspiegelte.

Katharinenpalast, Blick durch das geöffnete Tor auf das winterliche Schloss, Westseite.
Folgende Doppelseite: Katharinenpalast, Panoramaansicht der östlichen Schlossfassade

O Zarskoje Sjelo, du Paradies des Nordens,
Hier ruhte einst nach großem Flug
Der starke Russenadler, müd des Streits und
Mordens,
Der einst den wilden Löwen schlug.
Vergangen ist die Zeit der stolzen Helden-
siege;
Als Katharina Zarin aller Reußen war,
Erblühte Russland, stolz und unbesiegt im
Kriege,
Zum Heer des Friedens wunderbar.

Nimm, Russlands Sänger, deine Leier,
vom Golde funkelnd, sing dein Lied,
Vom Ruhm des Heeres und des Zaren sing
zur Feier,
Dass Russlands Ruhm die Welt durchzieht!
Ja, lass die frohe Seele feuerglühend singen,
Von Lieb' und Leidenschaft erhebe den
Gesang,
Dann schwillt des Jünglings Brust, als wollte
sie zerspringen
Von deiner Saiten Donnerklang!

Aus: *Erinnerungen an Zarskoje Sjelo* von A. Puschkin

Katharinenpalast, Westseite, Detail des Torgitters: der russische Reichsadler mit Krone; Zarin Katharina I., Frau und Nachfolgerin von Peter dem Großen

Als Zarin Elisabeth 1742 starb, hinterließ sie den Palast bereits als prächtiges Symbol eines mächtigen Russland. Rastrelli hatte den Zugang so angelegt, dass sich dem Besucher das ganze Gebäude in seiner beeindruckenden Dimension von dreihundert Metern Länge erschloss, und die reich gegliederte blau-weiß-goldene Fassade entfaltete bei jedem Licht ihre Wirkung. Allein

die Gestaltung der Atlanten und Karyatiden, Skulpturen und Dekorelemente hatte hundert Kilo Gold gekostet. Die Detailarbeiten führten italienische, französische und russische Künstler aus, zu deren Förderung Elisabeth die Akademie der Schönen Künste und die Kaiserliche Porzellanmanufaktur ins Leben gerufen hatte. Immer wieder stößt man auf Symbole militärischer Triumphe: da der schwedische Löwe, der den russischen Adler herausgefordert hatte, dort der türkische Halbmond, auf den sich dieser schwang. Der Park war an der Frontseite in barocker Geometrie gestaltet, zur Nordwestseite hin erstreckte sich das Terrain für die Jagd, der sich Elisabeth leidenschaftlich hingegeben hatte.

Katharinenpalast, westseitige Palastfront im Winter; Zarin Elisabeth

Mit welchen Gefühlen Sophie Auguste Friederike Prinzessin von Anhalt-Zerbst 1744 als fünfzehnjähriges Mädchen zum ersten Mal den russischen Hof betrat, lässt sich aus ihren Aufzeichnungen nur erahnen: »Ich will russisch werden, um von den Russen geliebt zu werden …« hatte sie sich vorgenommen. Zarin Elisabeth hatte sie als Braut für den Thronfolger Peter Fjodorowitsch, Herzog Ulrich von Holstein-Gottorp, später Zar Peter III., auserkoren.

Sophie galt als klug und verantwortungsbewusst, und sie lernte schnell. »Der Hof ist in zwei Lager gespalten …«, bemerkte sie in ihren Notizen und verriet damit früh einen sicheren Blick für politische Realitäten. Und über die entäuschende Begegnung mit ihrem Bräutigam tröstete sie, die nun nach dem Übertritt zur Orthodoxie Katharina hieß, sich mit Visionen von künftiger Größe hinweg: »… Nur mein Ehrgeiz hielt mich aufrecht, und in der Tiefe meines Herzens war etwas, das mich nicht einen Augenblick lang daran zweifeln ließ, dass ich früher oder später selbst Herrscherin von Russland sein würde …«

Katharinenpalast, Empfangsstiege mit reicher Stuckverzierung;
Katharina (später II.),
geb. Prinzessin v. Anhalt-Zerbst als junge Braut

Graf Stanislaus August Poniatowski, der im Juni 1755 im Gefolge des englischen Botschafters, Sir Charles Hanbury Williams, in die russische Hauptstadt Petersburg kam, beschrieb die junge Katharina später:

»Sie war fünfundzwanzig Jahre alt und zu dieser Zeit von einer Schönheit, wie sie in diesem Alter vollendeter nicht sein kann (…) Zu ihrem schwarzen Haar kontrastierte der helle Teint ihres Gesichts, aus dem lebhaft ihre großen blauen ausdrucksvollen Augen leuchteten; sie hatte dunkle Augenbrauen und lange Wimpern, eine spitze Nase und einen Mund, der zum Kusse einzuladen schien, vollkommene Hände und Arme und war eher groß gebaut; ihr Gang war leicht und zugleich würdevoll; ihre Stimme klang angenehm, und ihr Lachen war ebenso fröhlich wie ihr Humor, der sie mitunter ungezwungen und kindlich wirken ließ. Die Pein, die sie seit ihrer Hochzeit durchmachen musste, und das Fehlen einer ihrem Geist adäquaten Gesellschaft hatten dazu geführt, dass sie sich der Lektüre hingab (…)

Das also war die Herrin, die mir zum Schicksal werden sollte …«

Katharinenpalast, Bildnis Katharinas II.; Dose mit dem Abbild eines ihrer Favoriten Stanislaus Poniatowski, den sie zum König von Polen machte

»Er war prachtvoll, unvergleichlich, und er war 26 Jahre alt.« So hatte die um drei Jahre jüngere Katharina über Sergej Saltykow geschrieben, ihren ersten Geliebten und wahrscheinlichen Vater ihres ersten Sohnes Paul.

Katharina stürzte sich weder als Ehefrau noch als junge Witwe leichtsinnig in Liebesabenteuer. Ihre Favoriten waren auch ihre Ratgeber; sie wechselte sie nicht, sie verlor sie. Saltykow war ihr von Zarin Elisabeth zugeführt worden, da nach sieben Jahre Ehe mit dem Thronfolger noch kein Nachkomme in Sicht war. Es galt als offenes Geheimnis, dass ihre Ehe nie vollzogen wurde. Nach der Geburt des Sohnes wurde Saltykow ins Ausland geschickt.

Ihre nächste große Liebe galt Stanislaus Poniatowski. Danach waren Grigorij Orlow und Grigorij Potjomkin die wichtigen Männer ihres Lebens, die sich auch in Kriegen und der Diplomatie verdient machten; erst als Potjomkin starb, suchte sie Zerstreuung und Zärtlichkeit bei gutaussehenden jüngeren Männern, die sie freilich bald langweilten und die daher in rascher Abfolge wechselten.

Katharinenpalast, Aufgang an der Ostseite, Säule mit Amor; Favorit Prinz Grigorij Orlow (1734–1783), Gemälde von Torelli

Als Katharina nach dem geheimnisumwitterten Tod ihres Mannes Zarin wurde, gestaltete sie nicht nur Petersburg, sondern auch den barocken Sommerpalast Zarskoje Sjelo im klassizistischen Stil um. Wo Rastrelli jede Audienz als dramatischen Auftritt inszeniert hatte, schob Katharina das starre Hofzeremoniell kühl beiseite. Statt großer Säle entstanden intimere Räume und mehrere Speise- und Empfangssalons. Doch nach wie vor wanden sich goldene Blumengirlanden, sekundiert vom eigenen Spiegelbild, durch die Räume und zur Decke empor, und Sonnengott Helios thronte inmitten der mythologischen Welt der Antike, der Katharina sich so sehr verbunden fühlte.

Nicht zufällig hatte sie, die aufgeklärte Herrscherin, ihren Architekten Charles Cameron beauftragt, in seiner Säulenhalle mit Kopien antiker Statuen und Büsten den Geist der griechischen und römischen Philosophen, Gelehrten, Dichter und Heerführer zu beschwören, und wer die Galerie über die Treppe in den Park verlässt, wird von Herkules verabschiedet und von Flora willkommen geheißen.

Katharinenpalast, Kavalierzimmer;
Favorit Fürst Potjomkin de Tauride,
Gemälde von Jean-Baptiste Lampi 1791

Katharina liebte es, gelegentlich nicht im Palast, sondern in der »Grotte«, einem bezaubernden Pavillon, zu frühstücken. Wenn sie dabei jemandes Gesellschaft oder ihren Favoriten zu sehen wünschte, rief sie ihn mit einem Trompetensignal herbei. Ansonsten verlief Katharinas Tagesablauf eher konventionell, wie der Zeitgenosse Wilhelm Cox berichtet:

»Ihre Majestät steht gewöhnlich um sechs Uhr morgens auf und arbeitet bis acht oder neun Uhr mit ihrem Sekretär an Staatsangelegenheiten. Um zehn Uhr setzt sie sich meist an den Toilettentisch; während ihr Haar zurechtgemacht wird, kommen die Staatsminister und Adjutanten, um … die nötigen Anweisungen entgegenzunehmen. Gegen elf Uhr lässt sie ihre beiden Enkel, die Prinzen Alexander und Konstantin, holen oder besucht dieselben in ihren Zimmern. Vor der Mittagstafel erhält sie noch Besuch von Großfürst Paul und der Großfürstin; dann setzt sie sich gegen ein Uhr zur Tafel. Dabei hat sie immer Gesellschaft – Generäle, diensthabende Kammerherren und Kammerfrauen und noch zwei oder drei russische Kavaliere …«

Katharinenpalast, weißes Galaspeisezimmer;
Teile aus dem Kameen-Service für Fürst Potjomkin

»Der Großfürst und die Großfürstin speisen dreimal die Woche mit der Zarin. Da wird die Tafelgesellschaft auf 18 Personen erweitert. Der diensthabende Kammerherr sitzt stets der Zarin gegenüber, legt eine Speise vor und überreicht Ihrer Majestät den Teller, den sie freundlich annimmt und ihm weiters diese Pflicht erlässt. Die Kaiserin lebt mäßig und sitzt selten länger als eine Stunde bei der Tafel. Danach begibt sie sich in ihr Kabinett; von dort aus geht sie oft um drei Uhr in die Bibliothek. Um fünf Uhr besucht sie ein Schauspiel oder ein privates Konzert. Selten hält sie eine Abendtafel, zieht sich gewöhnlich um halb elf Uhr in ihr Kabinett zurück und geht vor elf zu Bett.«

Das Tafelgeschirr kam von der Kaiserlichen Porzellanmanufaktur und Glasbläserei. Als schönste Rahmen für die Tafel galten der Blaue Salon, benannt nach seiner Seidentapete mit dazu passendem Geschirr und Glas, und der Grüne Salon, über dessen hellgrüne Wände der Architekt Cameron im antikisierenden Stil auf weißen Reliefs Mädchen und Knaben, Amor- und mythologische Figuren tanzen ließ.

Katharinenpalast, Grüner Salon;
Paul, Sohn Katharinas der Großen, als junger Großfürst

Einige »Mohren« in der Dienerschaft gehörten im Rokoko an Europas Höfen zum guten Ton. Ehe sie zum Dekor nobler Salons wurden, waren die Afrikaner als dienstbare Geister beliebt, und sie blieben es bis ans Ende der Monarchie. Noch die Kinder der letzten Zarenfamilie ließen sich von vier schwarzen Äthiopiern in roten Hosen, goldbestickten Westen, weißen Turbanen und geschwungenen Pantoffeln die Türen öffnen. Am berühmtesten

wurde wohl jener »Mohr aus Abessinien«, der am Hof Peters des Großen zu hohem militärischem Rang aufstieg. Er galt als Großvater des russischen Nationaldichters Alexander Puschkin, von dem es hieß, er verdanke ihm sein krauses dunkles Haar und sein ein wenig negroides Profil. Bei Königin Victoria von England avancierte ein exotischer Diener zu ihrem persönlichen Berater. In Katharinas Schloss geisterten Mohren nicht nur durch die Vorzimmer, sondern dienten auch auf vielen Abbildungen der Zarin als Staffage, wobei offensichtlich nicht nur Mohrenknaben, sondern auch Mohrenmädchen in ihren Diensten standen.

Katharinenpalast, Polsterbank mit Mohrenfiguren; Katharina II. auf dem Zarenthron, Ölbild von Fjodor Stepanowitsch Rokotow 1763

Die in den Schlossanlagen des Rokoko obligaten chinesischen Salons und Pavillons waren in Russland nicht nur exotische Mode, sondern Ausdruck konkreter Handelsbeziehungen. Mehrere Salons sind hier mit feinsten Seidentapeten ausgestattet, in jenem in Blau unterhalten lebendige Szenen in idyllischen Landschaften das Auge, in einem anderen tummeln sich Schwäne und Fasane.

China stellte für Russland keine Bedrohung dar; das Zarenreich hat sich im Gegenteil später im Chinesisch-Japanischen Krieg auf Seiten Chinas gestellt, um den Stützpunkt Port Arthur zu gewinnen. Der Weg dahin führte über die Erschließung Sibiriens, begonnen von Iwan IV., begünstigt durch Zarin Elisabeths Gesetzgebung für Grundbesitzer und gekrönt von Katharinas Erfolgen in der Erschließung der sibirischen Bodenschätze. Vom Stolz über diesen Besitz zeugen die Räume neben Katharinas Privatgemächern, in denen Achat, Malachit, Jaspis, Lapislazuli, Marmor und Alabaster vom Reichtum der russischen Krone künden.

Katharinenpalast, Chinesischer Salon, Schrank mit zwei Figuren; Zepter und Reichsapfel des russischen Kaiserreichs mit Andreasorden

Die Gemäldegalerie reicht von der Ost- bis zur Westseite des Katharinenpalastes. Auf diese Weise sind die Bilder so von beiden Seiten her gleich gut sichtbar. Goldene Verzierungen und Rahmen leuchten hervor, die hohe Decke suggeriert ein unendliches Himmelsgewölbe. In diesem Ambiente ist noch immer die festliche Stimmung zu spüren, die diesen Empfangssaal einst erfüllt hat.

Die Sammlung umfasst weit über hundert Werke flämischer, französischer und italienischer Meister des 17. und 18. Jahrhunderts mit Genreszenen, Landschaften, Stilleben, Allegorien, mythologischen und biblischen Motiven. Katharina hatte vieles im Ausland ersteigern lassen und war höchst ungehalten, wenn sie nicht den Zuschlag bekam. Zwei Gemälde stechen durch ihre dezidiert russische Thematik hervor: Es sind Szenen der Schlachten von Poltava und Ljesnaja, die Peter der Große bei dem französischen Maler Pierre Denis Martin in Auftrag gegeben hatte. Katharina hielt alles, was von diesem Zaren stammte, in hohen Ehren, fühlte sie sich doch als Erbin seines Lebenswerkes.

Katharinenpalast, Gemäldegalerie;
Katharina die Große im Staatsornat mit Reichsinsignien und dem Zepter mit dem Orlow-Diamanten

Der »Große Saal« gilt mit seinen fast tausend Quadratmetern als größter Ballsaal Europas – hätte sich Katharina je mit weniger zufrieden gegeben? In verwirrender Fülle glitzern goldene Schnitzereien aus den Spiegeln zwischen den unzähligen Fenstern hervor, und selbst die Vorhänge waren aus goldener Spitze gefertigt. Katharina liebte es, den Reichtum ihres Landes glanzvoll zur Schau zu stellen.

Auch das altehrwürdige byzantinische Protokoll für die Zarenkrönung ergänzte sie durch zusätzliche protokollarische Attribute. Obligat war die Goldkarosse neben einer weißen und einer solchen mit Gemälden Watteaus sowie die größte Krone der Welt. Diese war höher als alle anderen fürstlichen Kronen, wie eine bischöfliche Mitra geformt und bestand aus 44 großen und zahllosen kleinen Brillanten, dazu 38 rosa Perlen; in der Mitte prangte ein mächtiges Diamantenkreuz auf einem riesigen Rubin. Mit ihrem beträchtlichen Gewicht symbolisierte sie nicht nur den Prunk, sondern auch die Bürde der kaiserlichen Macht.

Katharinenpalast, Thronsaal (Spiegelsaal oder Ballsaal); Zarenkrone von Katharina der Großen

Im Großen Saal des Katharinenpalasts preisen drei Werke des venezianischen Meisters Giuseppe Valeriani das Zarenreich mit je einer Allegorie auf Russland, auf den Krieg und auf den Frieden. Katharina II. begegnet man in Allegorien meist als Minerva – obwohl sie selbst sich bei Denkmälern lieber als Gesetzgeberin im Tempel der Justitia verewigt sah.

»Die Gesetzgeber nehmen im Tempel des Ruhmes den ersten Platz ein, die Eroberer kommen erst danach«, schrieb Voltaire 1767 an die Zarin, und diese hielt sich an die Rangordnung des französischen Philosophen. Zur Reform des Rechtswesens setzte sie eine gesetzgebende Kommission ein, schuf die Vorform einer Ständeversammlung, gründete Bildungs- und soziale Einrichtungen und Akademien und in Petersburg ein Institut für höhere Töchter. Ansätze zur Aufhebung der Leibeigenschaft scheiterten allerdings am Widerstand des Adels. Katharina kümmerte sich um ein effizienteres Finanz- und Bankwesen und teilte das Land in fünfzig Verwaltungsbezirke ein. Dann erst warf sie einen Blick über die Grenzen.

Katharinenpalast, Deckengemälde im Spiegelsaal mit allegorischer Darstellung des siegreichen Russland; Katharina II. im Park von Zarskoje Selo

Nach dem Sieg über die Türken, mit dem Fürst Potjomkin die nördliche Schwarzmeerküste mit der Krim für Russland gewann, konnte sich Katharina auch als Eroberin feiern lassen. Der um zehn Jahre jüngere Potjomkin wurde ihr Geliebter, den sie 1774 heimlich ehelichte, und Vater ihrer in Moskau geborenen Tochter Elisabeth.

Zu Ehren ihres 25-jährigen Thronjubiläums organisierte er eine Erkundungs- und Repräsentationsreise in die russischen Provinzen. Am 7. Januar 1787 setzte sich eine Karawane von 14 Karossen, 124 Schlitten und 40 Kutschen in Bewegung. Zur Demonstration militärischer Macht bot Potjomkin ein Spalier von 3000 Kosaken auf. Von Kiew ging es auf dem Dnjepr weiter – mit einer Galeerenflotte im römischen Stil – südwärts bis Sewastopol, wo ein Feuerwerk den krönenden Abschluss bot. Auf dem Weg dahin sorgte Potjomkin für blühende Dörfer mit jubelnden Menschen in blitzsauberen Gewändern, fröhlichen Sängern und Blumen werfenden Kindern. Der Erfolg gab ihm Recht und machte ihn unsterblich.

Katharinenpalast, Spiegelsaal, Detail;
Französische Karikatur auf Katharinas Ambitionen und russische Expansionsbetrebungen im Schwarzen Meer

Der Sieg der russischen Ostseeflotte in der Bucht von Tschesme im Jahre 1770 war mehr als nur ein Seesieg. Russland hatte damit den Erzfeind Türkei geschwächt und sich als Seemacht etabliert. Die russische Flotte hatte zuvor ganz Europa umsegelt und im Ägäischen Meer einen zahlenmäßig überlegenen Gegner gestellt. Admiral Spiridow berichtete: »In der Nacht vom 25. auf 26. Juni griffen wir die türkische Flotte an, beschossen sie, verbrannten sie zu

Schutt und Asche und versenkten sie; dann nahmen wir unser Land in Besitz …«
Seit beinahe einem Jahrtausend hatten die Moskowiter davon geträumt, das Erbe des byzantinischen Kaiserreichs anzutreten. Diesem Ziel war Russland unter Katharina näher gerückt. Europas Mächte horchten auf: Russlands Ansehen war beträchtlich gestiegen, und nun waren es die anderen, die um Allianzen mit Katharina buhlten.
Kaum eine Zarenresidenz, in deren Park nicht eine »Tschesme-Säule« mit der traditionellen Rostra an das denkwürdige Ereignis erinnerte. In Zarskoje Sjelo ließ Antonio Rinaldi sie aus dem See aufragen, gekrönt vom bronzenen Zarenadler, der den Halbmond zerreißt.

Katharinenpalast, Rostra- oder Tschesme-Säule; Tabaksdose mit Darstellung der Seeschlacht von Tschesme um 1770

Die Palastkirche mit ihrer goldenen Kuppel wurde noch unter Zarin Elisabeth von Rastrelli im Zuge der Palasterweiterung in den Farben Blau und Gold errichtet und 1747 feierlich eingeweiht. Sie erhebt sich über zwei Etagen, deren obere mit den kaiserlichen Privatgemächern verbunden ist. Diese wurden später für Zar Alexander I. adaptiert, als er sich in seinen späten Regierungsjahren mit seiner Gemahlin hierher zurückzog. So konnte die kränkelnde Zarin den Gottesdienst von ihrem Schlafgemach aus verfolgen.

Von den Fenstern aus konnte man das Lyzeum sehen, das Alexander für Kinder weniger begüteter Adelsfamilien hatte errichten lassen, die sich keine Hauslehrer leisten konnten. Sie sollten hier sechs Jahre lang eine solide Bildung zur Vorbereitung auf den höheren Staatsdienst erhalten. Unter anderem wurden die Fächer Geschichte, Latein, Griechisch, Französisch und Deutsch unterrichtet. Mit dem ersten Jahrgang um 1811 besuchte der Dichter Alexander Puschkin diese Schule und wurde ihr prominentester Absolvent, der das Lyzeum und Zarskoje Sjelo verewigt hat.

Katharinenpalast, Ostseite, Türme der Palastkirche; Zar Alexander I.

Viel Zeit und viel Geschichte ist hier vorbeigezogen, seit Peter der Große das Terrain für die russische Krone in Besitz genommen hat, und auch der Park hat sich mit seinen Herren verändert: vom Jagdhaus Katharinas I. über die barocke Gestaltung um den ersten großen Palast Elisabeths bis zum Landschaftspark Katharinas II., an dessen anderem Ende der Alexanderpalast für deren geliebten Enkel erstand.
Von den Umgestaltungen durch die spä-

teren Zaren Alexander I., Nikolaj I. sowie Alexander II. – Alexander III. und Nikolaj II. bevorzugten den intimeren Alexanderpalast – blieb der Katharinenpalast in seinem äußeren Erscheinungsbild mit seinem Park weitgehend unberührt, denn selbst was Katharinas Sohn Paul trotzig verändert hatte, wurde von seinen Nachfolgern wieder revidiert. Um die Mitte des 19. Jahrhunderts ermöglichten es moderne Errungenschaften wie Heizung, fließendes Wasser, Küchen mit Kühlanlagen, die erste Eisenbahnverbindung und die weltweit erste Telegrafenverbindung, dass Zar Nikolaj I. nicht nur den Sommer, sondern das ganze Jahr hier verbringen konnte.

Katharinenpalast, Südostfassade im Sommer;
Wappen von Zarskoje Selo

АЛЕКСАНДРУ СЕРГѢ
ПУШКИН

Das erst um 1900 errichtete Denkmal des russischen Nationaldichters Alexander Puschkin (1799–1837) erinnert daran, dass dieser ab 1811 das Lyzeum in Zarskoje Sjelo besucht hat, und eine Zeitlang wurde der ganze Ort nach ihm benannt. Puschkin hat dieser Stätte viele Verse gewidmet, sie ist auch mit seinem Drama »Eugen Onegin« verbunden – ein Denkmal für sich selbst hätte er allerdings für überflüssig gehalten, denn er betrachtete sich bereits durch sein Werk als unsterblich, wie er 1836, ein Jahr vor seinem frühen Tod, festhielt:

Ein Denkmal baut ich mir,
wie Hände keins erheben,
Des Volkes Pfad zu ihm wächst niemals zu;
es wagt
Unbändgen Hauptes höher himmelwärts zu
streben,
Als Alexanders Säule ragt.
Nein, ganz vergeh' ich nicht – im hellen
Klang der Saiten
Lebt unzerstörbar, wenn der Leib zerfiel,
mein Geist –
Lebendig werd' ich sein, solang' auf Erden-
breiten
Man einen einz'gen Dichter preist …

Katharinenpalast, Denkmal für Alexander S. Puschkin am Rande des Schlossparks;
Selbstporträt des Dichters zwischen Notizen zu »Eugen Onegin«, die er in Zarskoje Sjelo verfasst hat

Am 5. November 1796 hatte sich Katharina wie immer frühmorgens erhoben, obwohl sie an den Tagen zuvor überanstrengt und erschöpft gewirkt hatte. Weiter berichtet Graf Rostopschin:
»Sie kleidete sich wie gewöhnlich an, nahm ihren Kaffee zu sich und zog sich wieder zurück; ihre lange Abwesenheit beunruhigte ihre Bediensteten und Sekretäre. Als man Nachschau hielt, fand man sie in ihrer Garderobe am Boden liegen; sie hatte offenbar das Bewusstsein verloren und war leichenblass. Man brachte sie in ihr Zimmer, aber sie war zu schwer, um aufs Bett gehoben zu werden, also legte man sie auf einer Decke auf den Boden. Ein langer Todeskampf begann …«

Ihr Sohn Paul wurde aus Gatschina geholt. Mehr als für sie interessierte er sich für die Papiere, die sie in letzter Zeit verfasst hatte. Eines davon verbrannte er: Offenbar war es ihre Verfügung, dass im Falle ihres Ablebens ihr Enkel Alexander und nicht ihr Sohn Paul den Thron besteigen sollte. Katharina starb im 68. Lebensjahr, ohne das Bewusstsein wiedererlangt zu haben.

Katharinenpalast, Westseite;
Fürst Platon A. Subow (1767–1822), Favorit und der Letzte, mit dem Katharina vor ihrem Tod sprach

Nach dem Tod Katharinas II. stand der Palast in Zarskoje Sjelo für eine Weile verwaist. Ihr Sohn Paul mied ihn wie alles, was mit seiner Mutter in Zusammenhang stand. Nach nur fünf Jahren Regentschaft wurde er ermordet. So gelangte Katharinas Enkel Alexander schon 1801 auf den Thron, und wie man weiß, machte er ihr alle Ehre: 1812 schlug er die bereits vor Moskau stehende Armee Napoleons und verfolgte sie bis nach Paris. Später zog er sich ganz in den Katharinenpalast zurück, und andere Zaren nach ihm.

Erwachen die Erinnerungen
Steht lodernd gleich mein Herz in Brand,
»Seit Katharina starb, liegt unser Land zersprungen!«
So klagt das Volk im ganzen Land.
Die leichten Wellen, die den Wiesentraum begleiten,
Geh'n unaufhaltsam; schweigend sucht mein müder Blick
In der Erinnerung nach längst verwehten Zeiten
Und träumt sich lächelnd weit zurück …

Alexander Puschkin, aus *Erinnerungen an Zarskoje Sjelo*

Katharinenpalast, Westseite, Blick durch eine Raute im Torgitter auf die Fassade der Schlossfront; Medaillon mit Profilporträt Katharinas II.

ALEXANDERPALAST

Alexanderpalast, das ist der majestätische Zeuge der lauten Triumphe und der stillen Dramen eines Jahrhunderts russischer Geschichte. Der zeitliche Rahmen für dieses vielfältige Schauspiel reicht vom »goldenen Zeitalter« Puschkins bis zum »silbernen« – als läge schon hier ein Abstieg verborgen! – zu Beginn des zwanzigsten Jahrhunderts.

Die Initiale des Palastes steht gleichsam für seinen ersten Besitzer, den als Sieger über den Eindringling Napoleon gefeierten Zaren Alexander I., wie auch für den unglücklichen Zarewitsch Alexej, der hier als Sohn des letzten Zaren Nikolaus II. aufwuchs und mit seinen Eltern von hier aus den Weg in den Untergang antrat, dem Ende der Dynastie entgegen. Dazwischen weilten vier Generationen von Zaren hier, die in diesem Palais ihre bedeutendsten Jahre verbrachten.

Den Alexanderpalast hatte Zarin Katharina die Große für ihren Enkel Alexander bauen lassen, den sie ihrem Sohn Paul stets vorgezogen hatte; sie selbst hatte das Terrain dafür nahe ihrer Sommerresidenz ausgewählt und 1792 den italienischen Architekten Giacomo Quarenghi mit dem Bau beauftragt. Im Juni 1796, an seinem 19. Geburtstag, nahm Großfürst Alexander das Schloss in Besitz, wenige Monate vor dem Tod seiner Großmutter, quasi als Katharinas Vermächtnis.

Das gelbe Palais strahlt in seinem schlichten Klassizismus, der lakonischen Gestaltung und den massiven Kollonaden majestätische Strenge aus und steht damit in reizvollem Gegensatz zu dem prunkvollen blau-weiß-goldenen Palast Katharinas – einem Kontrast, der durch den gemeinsamen, die beiden verbindenden und nur von wenigen architektonischen Spielereien unterbrochenen Park mit der weitläufigen Naturlandschaft harmonisiert und überwunden wird.

Das Schicksal wollte es, dass der letzte Herr dieses Schlosses selbst einen Bogen spannte zum ersten, der hier lebte: Es war im August 1914, als Nikolaj II. bei der Verlesung des Manifests über die deutsche Kriegserklärung an Russland jene Formel aufgriff, mit der Alexander I. 1812 seine Armee zum Widerstand gegen die französischen Angreifer aufforderte: Mit dem Schwert in der Hand und dem Kreuz im Herzen die russische Erde zu verteidigen …

Alexanderpalast, Tor zur Nordseite.
Folgende Doppelseite: Alexanderpalast, Panorama der Nordwestfront des Schlosses

»In Worten ist es unmöglich zu beschreiben, was für ein Segen es ist, zu zweit an einem so schönen Ort zu weilen wie Zarskoje…«, schrieb Nikolaus in sein Tagebuch, als er sich mit seiner jungen Frau hierher, in den Alexanderpalast von Zarskoje Sjelo, zurückzog. Schon bald nach seiner Thronbesteigung im Jahre 1894 beschlossen Nikolaus und Alexandra Fjodorowna, hier ihren Hauptwohnsitz aufzuschlagen. Während noch einige Räume adaptiert wurden,

kam bereits die erste Tochter, Olga, zur Welt. Auf dem Meldezettel vom 28. Januar 1897 für die amtliche Registrierung in Zarskoje Sjelo, von der auch der Zar nicht ausgenommen war, steht zu lesen:

»Familienname, Vor- und Vatersname: *Romanow, Nikolaj Alexandrowitsch*
Stand: *Vater*
Alter: *28*
Familienstand: *Verheiratet*
Titel: *Kaiser von ganz Russland*
Beruf: *Herr der russischen Lande*
Glaube: *Orthodox*
Lesekundig: *Ja*
Schule: *Zu Hause*
Nebeneinkünfte: *Grundbesitz«*

Alexanderpalast, Chinesische Brücke mit Blick zum Katharinenpalast;
Zar Nikolaus II., der letzte Zar (regierte 1894–1917) und Hausherr des Alexanderpalastes

Nikolaj II. hatte nach der Geburt von vier Töchtern die Hoffnung auf einen Thronfolger schon fast aufgegeben. Bisher waren die Romanows mit zahlreichen Söhnen und nur wenigen Töchtern gesegnet gewesen. Der Zar erwog bereits, die seit Zar Paul geltende männliche Thronfolge zugunsten seiner ältesten Tochter Olga zu ändern. Diese war intelligent und begabt, besonnen und ihrem Vater im Charakter ähnlich. Bis sie die dynastische Volljährig-

keit erreicht hätte, wäre Nikolajs Bruder Michail der nächste in der Thronfolge gewesen. Doch im vom Russisch-Japanischen Krieg überschatteten Sommer 1904 geschah das Unerwartete: Alexandra brachte einen Sohn zur Welt, und Nikolaj schrieb euphorisch in sein Tagebuch:
»30. Juli (13. August), Freitag. Ein großer, unvergesslicher Tag für uns, an dem sich die Güte Gottes so großartig geoffenbart hat: um 1 Uhr 15 nachmittags hat Alix einen Sohn geboren, den wir im Gebet Alexej tauften. Es gibt keine Worte, die ausreichen würden, Gott für den Trost zu danken, den er uns in diesem Jahr der schweren Prüfungen gesandt hat ...«

Alexanderpalast, Kanal im Schlosspark mit Chinesischem Turm;
Kronprinz Alexej im Alter von fünf Jahren

Aus der ganzen Welt treffen Geschenke für den Thronfolger ein, darunter das modernste Spielzeug der Welt, zum Beispiel eine elektrische Eisenbahn, aus Deutschland das Modell eines Mercedes-Automobils, ein Modellschiff von den Petersburger Werftarbeitern, eine Miniaturkanone und ein kleines Waffenarsenal von seinem Kosakenregiment. Doch auch Tiere aller Art werden angeliefert. So sendet der König von Siam einen Elefanten.

Ein Bauer aus Sibirien rafft seine Ersparnisse zusammen und reist mit einem Zobel an, den er lebend eingefangen hat. Nach Umwegen schafft es der Bauer, mit seiner Frau und dem Tier in den Zarenpalast zu gelangen. Erst springt das Tier wie wild umher und landet auf dem Schreibtisch des Hofministers, wo es die Akte für Beförderungen beschnuppert. Als das Paar mit dem Zobel ins Kinderzimmer geführt wird, betritt der Zar den Raum. Die Bauern werfen sich auf den Boden, und selbst der Zobel hält ehrfürchtig inne und betrachtet Nikolaj aufmerksam. Doch dann gebärdet er sich so wild, dass man ihn doch lieber nicht im Palast behält.

Alexanderpalast, Chinesische Bücke, Detail; der kleine Thronfolger Alexej vor einem Elefanten, den ihm der Königs von Siam geschenkt hatte, im Park von Zarskoje Sjelo

Alexej konnte es kaum erwarten, mit seiner militärischen Ausbildung zu beginnen, und sein Vater machte ihn früh mit seinen Regimentern vertraut.
Nicht nur als Thronfolger wurde er verwöhnt. Schon kurz nach seiner Geburt hatte sich der Verdacht auf Hämophilie bewahrheitet, die seine Mutter von Queen Victoria ererbt hatte. Schon kleine Verletzungen konnten unstillbare Blutungen bewirken und Alexej tagelang ans Bett fesseln. Dies hat auch angeblichen Wunderheilern wie Rasputin Tür und Tor geöffnet. Umso größer war die Zuwendung seitens seiner Umgebung. So erfand der Sohn des Hofarztes für ihn Geschichten über einen Planeten, der nur von Plüschtieren bevölkert ist. In seinem Übermut überschritt Alexej mitunter auch die Grenzen des Tolerierbaren: einmal ließ er einen Offizier in voller Uniform ins Wasser springen, ein anderes Mal unablässig das Ritual der salutierenden Palastwache bei seinem Erscheinen in Gang setzen: Palastglocke, Trompetensalut und Gardespalier, Palastglocke, Trompetensalut, Gardespalier … bis ihm vom Zaren Einhalt geboten wurde.

Alexanderpalast, Figuren vor der Palastfront;
Alexej exerziert im Park in der Uniform des 13. Jerewaner Grenadier-Leibgarderegiments

Das Familienleben im Alexanderpalast gestaltete sich beschaulich. Wenn der Zar sich nachmittags Zeit nahm, baute er mit seinem Sohn im Park Lehmburgen, im Winter Schneemänner; abends las er mitunter seiner Familie aus Büchern vor. Die Zarin musizierte mit ihren Töchtern oder leitete sie zu Handarbeiten an. Man unterhielt sich auch gerne mit eigenen oder französischen Filmaufnahmen.

Das Mittagessen bestand aus drei, das Abendessen aus fünf Gängen. Mittags speisten auch Gäste oder Berater des Zaren mit. Der Thronfolger durfte sich von seinem vierten Lebensjahr an gelegentlich zeigen. Dabei erschien er rechtzeitig zum Dessert und begrüßte Zar und Zarin, ehe er zu den einzelnen Gästen ging und sich leutselig nach deren Befinden erkundigte.
Ein besonderes Frühlingsfest war die »Kosakengabe«. Traditionell wurde der ers-te Fischfang des Jahres im Ural mit ein paar Fässern Kaviar dem Zaren gebracht. Nach dem Festmahl im Palast mit den angereisten stämmigen, langbärtigen Kosaken wurden Kostproben als Geschenke an Freunde im In- und Ausland gesandt.

Alexanderpalast, Großer Salon mit Flügel;
Salon mit einem Gobelin nach Vigée-Lebruns Gemälde »Marie Antoinette und ihre Kinder«

Nikolaj II. arbeitete gewöhnlich in seinem in Grün und Mahagoniholz gehaltenen Arbeitszimmer. Sein Tag begann um sieben Uhr morgens, nach dem Gebet pflegte er in seinem dem Bad angeschlossenen Schwimmbecken zu schwimmen, ehe er sein Frühstück einnahm. Wie schon sein Vater trug er bevorzugt ein einfaches Russenhemd. Danach empfing er Adjutanten, Hofmarschall und Palastkommandanten. Bis Mittag hielt er Besprechungen mit Ministern ab. Seinen Gesprächspartnern pflegte er in zwangloser Atmosphäre Armlehnstuhl und Zigaretten anzubieten.

Alexanderpalast, Persönliches Arbeitszimmer von Zar Nikolaus II.;
Historischer Schreibtisch des Zaren

Wenn er ans Fenster trat, galt dies als untrügliches Zeichen dafür, dass er die Audienz zu beenden wünschte, selbst wenn er noch so teilnahmsvoll zuhörte.

Vor dem Mittagessen unternahm der Zar einen kurzen Spaziergang mit seinen schottischen Hunden und kostete auf dem Rückweg die Verpflegung der diensthabenden Soldaten und Bediensteten. Nachmittags arbeitete er bis zum Fünfuhrtee, abends oft bis elf Uhr. Hohe Beamte, Berater oder Botschafter pflegte er spätabends zu empfangen.

August 1914. Erst hatte niemand in St. Petersburg gedacht, dass das Attentat von Sarajewo weitere Kreise ziehen würde; doch dann hatte zwischen Nikolaj und seinem Cousin, dem deutschen Kaiser Wilhelm II., ein hektischer Telegrammwechsel eingesetzt, der sich nachträglich wie ein Wettlauf um den Frieden ausnimmt. Zuletzt hatte Nikolaj Wilhelm telegrafiert: »Ich verstehe, dass Du Dich zur Mobilmachung gezwungen siehst, doch ich hätte gerne von Dir die gleiche Zusicherung, wie ich sie Dir gegeben habe, nämlich, dass diese militärischen Maßnahmen nicht einen Krieg nach sich ziehen und dass wir fortfahren, für das Wohl unserer beiden Länder zu verhandeln.«

An jenem Samstag kehrte die Zarenfamilie gegen acht Uhr von der Abendmesse zurück. Die Zarin begab sich ins Speisezimmer und wartete mit den Kindern lange Zeit auf den Zaren. Alexandra wollte schon Tatjana nach ihm senden, da trat Nikolaj ein. Sein Gesicht war fahl. Er blieb kurz mit gesenktem Kopf stehen, dann sagte er mit gebrochener Stimme: »Deutschland hat uns den Krieg erklärt.«

Alexanderpalast, Schreibtisch von Zarin Alexandra; Zar Nikolaus II. während des Ersten Weltkriegs im Hauptquartier des russischen Generalstabs, über eine Landkarte gebeugt

Seit Kriegsbeginn weilte der Zar vorwiegend beim Generalstab, fern der Haupstadt. Die Zarin unterrichtete ihn über die laufenden Vorkommnisse und versuchte ihm in eindringlichen Briefen Entscheidungen nahezulegen. Ihr Salon wurde, früher undenkbar, Treffpunkt von Angehörigen der Regierung. Doch Vertrauen hatte sie nur zu einem Mann: Rasputin. Denn für die Zarin ging es hauptsächlich um die Gesundheit des Thronfolgers. Seit es wiederholt den Anschein hatte, dass in Augenblicken der Krise der Muschik aus Sibirien mit seiner bloßen Anwesenheit, den Blick hypnotisch auf den kranken Ale-

xej gerichtet, mit ein paar Heilkräutern und gemurmelten Gebeten dessen Lebensgefahr zu bannen wusste –, war Rasputin für die Zarin ein Mann Gottes. Ihm vertraute sie, Nikolajs Warnungen zum Trotz, auch politische Fragen an, die Rasputin stets mit philosophisch-orakelhaften Phrasen kommentierte. Konnte Alexandra ahnen, dass der einfache Mann, dem sein plötzlicher Aufstieg in Petersburg zu Kopf gestiegen war, längst eine Doppelrolle im Interesse seiner Günstlinge spielte?

Alexanderpalast, Salon von Zarin Alexandra; Grigorij Rasputin als »Mann Gottes«

In den persönlichen Räumen der Zarin und der Kinder dominierten die Farben Weiß und Malve. Traditionell befanden sich über dem Bett die Geburtsikonen, die zu jeder Geburt in der Größe des Neugeborenen angefertigt worden waren.
In den Kriegsjahren war jedoch auch Alexandras Schlafzimmer kein Hort der Ruhe mehr, und sie fand oft keinen Schlaf. Seit Herbst 1916 verschlechterte sich die Stimmung in der Hauptstadt dramatisch, nicht zuletzt durch die politische Einflussnahme Alexandras und ihres Günstlings Rasputin. Eines Tages erschien bei Alexandra Nikolajs Schwager, Großfürst Alexander Michajlowitsch. Sie empfing ihn kühl und bewusst leger, auf dem Bett hingestreckt, denn sie ahnte, was er ihr zu sagen hatte: »Deine Einmischung in Staatsangelegenheiten schadet Nikis Prestige. Alle Kreise der Bevölkerung stehen deiner Politik ablehnend gegenüber. Ich habe seit der Abreise des Zaren ins Hauptquartier kein Wort gesagt über die unwürdigen Vorgänge in unserer Regierung – besser: in deiner Regierung, aber jetzt ist mir klar, dass du bereit bist zum Untergang …«

Alexanderpalast, Schlafzimmer von Zarewitsch Alexej; Zarin Alexandra um 1917

Als sich der Zar im Frühjahr 1917 auf dem Weg ins Hauptquartier befand, setzten Streiks und Unruhen in der Hauptstadt ein. Wie von unsichtbarer Hand gelenkt weiteten sie sich von Fabriken auf die Straße aus. Die Ordnungskräfte sympathisierten bald mit den Aufständischen, die Lage geriet außer Kontrolle. Beim Versuch zurückzukehren wurde der Zug des Zaren in Pskow angehalten. Telegramme aus der Hauptstadt bewogen ihn dazu abzudan-

ken, um die Lage zu beruhigen. Angesichts des unsicheren Gesundheitszustandes seines Sohnes verzichtete er auch für diesen zugunsten seines Bruders Michail auf den Thron. In der Nacht dieses 2.(15.) März 1917 schrieb Nikolaj in sein Tagebuch: »Um mich herum ist nichts als Feigheit, Lüge und Verrat …«

Bei seiner Heimkehr nach Zarskoje Sjelo war nichts mehr so wie früher. Der Großteil des Hofstaates war verschwunden. Mechanisch salutierte er, für Ehrerbietungen dankend, die ihm niemand mehr bezeugte. Die Zarenfamilie stand nun unter Hausarrest – nicht beschützt, sondern bewacht.

Alexanderpalast, von der Chinesischen Brücke aus gesehen;
Zar Nikolaus II. nach seiner Abdankung als Gefangener im Schlosspark von Zarskoje Sjelo

Wenige Monate nach der Abdankung des Zaren im Frühjahr 1917 erfuhr Nikolaj, dass er mit seiner Familie aus Zarskoje Sjelo weggebracht würde. Das Reiseziel wurde nicht bekannt gegeben, lediglich der Hinweis auf »warme Kleidung« und eine Fahrtdauer von »vier bis fünf Tagen« ließen darauf schließen, dass es nach Sibirien gehen würde.

Am Abend der geplanten Abreise gestattete der Premierminister der Provisorischen Regierung, Kerenskij, dass Nikolaj von seinem Bruder Michail Abschied nehmen durfte, der es abgelehnt hatte, die ihm mit der Abdankung übertragene Krone anzunehmen. Die beiden Brüder fielen einander unter Tränen um den Hals. Beide waren glücklich, dass sie sich nach so langer Zeit endlich wieder sehen konnten, und ahnten wohl, dass es ihre letzte Begegnung sein würde. Schon nach wenigen Minuten brach Kerenskij die Szene ab. Doch dann hatte die Familie, reisefertig gekleidet, noch bis sechs Uhr früh zu warten, ehe sie mit einer kleinen Gruppe Getreuer zu ihrem Zug gebracht wurde. Erst im Morgengrauen fuhr der Zug nach Sibirien ab.

Pavillongruppe im Winter;
während sich die gefangene Zarenfamilie zur Abreise nach Tobolsk bereitmacht, wird ihre Residenz bereits geräumt

Als in Russland im Winter 1917 eine neue Ära mit neuen Machthabern anbricht, ist der Alexanderpalast bereits verwaist. Im Frühsommer sind Nikolaj und Alexandra mit den vier Töchtern und Sohn Alexej, begleitet von ihrem Leibarzt, dem Hauslehrer und einigen wenigen Getreuen, nach Tobolsk gebracht worden, wo sie unter Hausarrest stehen.

Im Frühjahr 1918 werden sie auch von dort weggeführt, noch tiefer nach Sibirien, und sie machen sich kaum mehr Illusionen über das Schicksal, das ihnen zugedacht ist. Ihre Vorahnung und ihre großartige menschliche Haltung hat Nikolajs Tochter Olga in einem Brief an Freunde zum Ausdruck gebracht:

»Vater bittet mich, all jenen, die ihm ergeben geblieben sind, und all jenen, auf die diese einwirken können, zu sagen, dass sie ihn nicht rächen mögen: Er hat allen verziehen und betet für alle; sie mögen auch für sich selbst keine Rache nehmen; sie sollen daran denken, dass sonst das Übel, das jetzt auf der Welt herrscht, nur noch größer würde. Denn nicht Böses werde über das Böse siegen, sondern nur die Liebe …«

Nicht nur über den Alexanderpark und Zarskoje Sjelo, sondern über ganz Russland senkt sich die eisige Decke eines langen, langen Winters, und im Alexanderpalast ist es still.

Parkbank im Winter; im Hintergrund Fassade des Katharinenpalastes

Die Zarenfamilie um 1904.
Sie wurde in der Nacht vom 17. auf 18. Juli 1918
im sibirischen Jekaterinburg ermordet;
ihre sterblichen Überreste mit Ausnahme derer
von Großfürstin Maria und Thronfolger Alexej
wurden knapp acht Jahrzehnte später gefunden und
im Juli 1998 in einer eigenen Zarengruft
der Peter-und-Pauls-Kirche in St. Petersburg
beigesetzt.

Peter-und-Pauls-Festung bei Sonnenuntergang

Bildnachweis:
Sämtliche Farbbilder von Gregor M. Schmid
Die Textillustrationen stammen aus dem Archiv der Verfasserin

Seite 5/6: Meilenstein aus der Zarenzeit

Besuchen Sie uns im Internet unter:
http://www.herbig.net

Schutzumschlag: Wolfgang Heinzel
Schutzumschlagmotiv: Gregor M.Schmid
Lektorat, Herstellung und Satz:
VerlagsService Dr. Helmut Neuberger & Karl Schaumann GmbH, Heimstetten
Gesetzt aus der 12,5/18 Punkt Adobe Garamond pro
Reproduktion: Typosatz W. Namisla GmbH, München
Druck und Binden: Printer Trento
Printed in Italy
ISBN-13: 978-3-7844-3067-6
ISBN-10: 3-7844-3067-